CONSIGUE QUE TU HIJO
SEA BILINGÜE

Barbara Zurer Pearson

CONSIGUE QUE TU HIJO SEA BILINGÜE

BILINGUAL
READERS

© 2010. Texto: Barbara Zurer Pearson
© 2010. Traducción: Bilingual Readers

Diseño de cubierta: Miguel Ordóñez

© 2010. De la presente edición: Bilingual Readers, SL

Bilingual Readers
c/ Aguas, 3
28005 Madrid
91 354 68 57

www.bilingualreaders.es
facebook.com/bilingualreaders
twitter.com/bilingualrdrs

Primera edición: *Septiembre de 2010*

ISBN: 978-15-18748-48-6
Depósito Legal: XXXXXXXXXX

IMPRESO EN ESPAÑA

OMAGRAF, SL - POL. IND. MONTERREAL - HUMANES (MADRID)

Índice

INTRODUCCIÓN

Si eres bilingüe y piensas educar a tus hijos, o ya lo haces, de forma bilingüe, este libro te interesará.

Si no eres bilingüe pero te planteas si serías capaz de educar a tus hijos de forma bilingüe, este libro también te interesará.

Y además, si estás interesado en la increíble historia de cómo los niños aprenden dos o más idiomas al mismo tiempo, este libro también te interesará.

Consigue que tu hijo sea bilingüe es una guía que explica qué hacer y qué esperar cuando estás criando a un futuro bilingüe[1]. Asimismo, encontrarás información general que te permitirá pasar del cómo al por qué. En ocasiones usarás este libro como un manual de consulta rápida para ayudarte con una determinada estrategia. Otras veces te sentirás fascinado, como yo, por los milagrosos progresos de los niños más pequeños en su camino hacia el lenguaje y la alfabetización, y querrás informarte ampliamente sobre las circunstancias que atañen a las distintas fases. Este libro también cumple ese propósito.

---

[1] Utilizo la palabra «bilingüe» para indicar que se habla más de un idioma, dos o más, siguiendo la convención de llamar a cualquier idioma, excepto al primero, «segundo», aunque sea el tercero o el décimo. En ocasiones utilizo la palabra «multilingüe» para referirme específicamente a personas que hablan más de dos idiomas.

En *Consigue que tu hijo sea bilingüe* quiero compartir contigo mi pasión por las lenguas y mi sueño de un bilingüismo universal. «Universal» puede sonar pretencioso, pero ¿por qué no? Todos crecemos hablando una lengua[2], ¿por qué no hablar dos, o más? Frecuentemente, cuando coincido con personas de Guatemala, Dinamarca, Israel, o la India, por ejemplo, me cuentan que en esos países se espera que los niños se eduquen de forma bilingüe. No es algo inusual. Puede que sus modos de vida no sean como los nuestros, pero sus hijos sí lo son, pues nacen con las mismas capacidades para aprender idiomas que los tuyos y los míos.

Fascinación personal e interés profesional

Mi interés en el desarrollo del bilingüismo es, a un tiempo, personal y profesional. Yo no fui educada de forma bilingüe. Tuve mi primera experiencia con el bilingüismo en mi etapa universitaria, cuando viví en el extranjero. Quizá simplemente fue la magia de encontrarme en París con veinte años, pero sentí un cambio al descubrir un mundo mucho más amplio gracias a que podía vivir en otro idioma. Puesto que era capaz de hablar con los franceses en su propio idioma, pude conocer historias de gente con vidas únicas que ni siquiera hubiese podido imaginar desde mi casa en Nueva York. De alguna forma me sentía más extravertida cuando hablaba en francés, e incluso me sorprendí a mí misma al escribir poesía también en francés, algo que no suelo hacer en mi lengua materna. A pesar de que técnicamente había sobrepasado la edad de aprender una segunda lengua como un hablante nativo, muchas veces me tomaban por uno. Esto hacía que me sintiera como si hubiese ganado una medalla en los Juegos Olímpicos de los idiomas.

---

[2] Cuando hablo de lenguas, me refiero a «hablar» y «escuchar», pero no pretendo excluir la lengua de signos, que es «hablada» con las manos y «oída» con los ojos. Las personas que conocen una lengua de signos y una hablada (o dos lenguas de signos) son un importante subgrupo de bilingües, y las ideas contenidas en este libro también son aplicables a ellos.

Mis hijos tampoco fueron educados de forma bilingüe (¡no contaba con este libro!). Afortunadamente, vivíamos en Miami, Florida, una ciudad con una gran riqueza lingüística, y mis hijos mostraron un gran interés por los idiomas desde bien pequeños, e incluso como adolescentes. Ahora, de adultos, también son bilingües, aunque no «casi nativos», como podían haber llegado a ser si hubiesen aprendido antes su segunda lengua.

Aunque hablar dos idiomas ha constituido una parte importante de mi vida adulta, de niña me perdí la experiencia de vivir en dos idiomas. Sin embargo, como investigadora universitaria tuve la suerte de poder compartir muy de cerca la experiencia de veinticinco familias comprometidas con el objetivo de criar a sus hijos de forma bilingüe. Estas familias nos permitieron, a mis compañeros de la Universidad de Miami y a mí misma, grabar todos los aspectos que pudimos del desarrollo lingüístico de sus bebés sin que molestáramos demasiado. Nuestro primer contacto con los bebés fue cuando tenían tres meses de edad, antes de que empezaran a balbucear, y pudimos ver delante de nuestras narices cómo crecían y hablaban dos lenguas a un tiempo. Gracias a sus frecuentes visitas a nuestro laboratorio, entablamos amistad con muchas de las familias, y unos cuantos padres continuaron trayendo a sus hijos al laboratorio, aunque la financiación para el estudio ya había terminado y muchas de las conclusiones ya habían sido publicadas. Nuestro proyecto, en vez de analizar la evolución de un único niño, fue uno de los primeros en estudiar un amplio grupo de jóvenes bilingües. En muchos sentidos fue como hacer veinticinco estudios distintos. Poder observar cuán diferentes eran cada una de las veinticinco experiencias de las otras resultó tan fascinante como las conclusiones generales que publicamos en medios especializados.

En otro sentido, el estudio al que me acabo de referir también fue pionero. Fue mi primera investigación sobre bilingüismo. Con el tiempo, el grupo de estudio sobre bilingüismo (Bilingualism Study Group), que yo coordinaba junto con Kimbrough Oller, recibió financiación para trabajar con grupos bilingües de distintas edades: bebés bilingües, niños bilingües, escolares bilingües, universitarios bilingües y algunos adultos bilingües. El grupo de estudio sobre bilingüismo estaba muy unido y, gracias a aquellos estudios, escribimos un libro conjunto y artículos para publicaciones especializadas. Esta experiencia me ha permitido fajarme con la ingente y, a menudo, contradictoria información existente sobre bilingüismo y poner a tu disposición los aspectos que considero más relevantes para los padres.

¿A quién va dirigido este libro?

Consigue que tu hijo sea bilingüe está pensado para padres, o futuros padres, y sus amigos y familiares. Si eres padre, en este libro encontrarás la información necesaria para abordar la educación bilingüe de los niños (cómo y por qué) y sabrás que la ciencia está de tu parte si decides criar a tus hijos de esta manera. Si eres familiar o amigo, podrás comprender las necesidades de las familias bilingües. Y por qué no, también me agradaría que este libro cayese en manos de alguien que no haya pensado en el bilingüismo. Este libro te mostrará cómo tú, como tutor, puedes crear un ambiente en el que los niños crezcan con dos idiomas. El libro ofrece tanto una amplia visión sobre el fenómeno del bilingüismo como una detallada guía de acciones que puedes llevar a cabo para proporcionar a tus hijos la motivación y la oportunidad de tener enriquecedoras interacciones en dos idiomas mientras realizan las tareas cotidianas.

Información, ánimo y consejos prácticos

En muchas familias que pueden llegar a ser bilingües, incluso en aquellas en las que los adultos hablan dos idiomas, con frecuencia los padres carecen de las instrucciones básicas para llevar a cabo esta tarea. Esta guía ofrece información detallada, ánimo y consejos prácticos para crear y mantener un ambiente bilingüe para tus hijos.

Muchos lectores son conscientes de las ventajas que para los niños supone el hecho de ser bilingüe. Incluso algunos de vosotros estáis recreando para vuestros hijos las condiciones que os permitieron llegar a ser bilingües cuando erais niños. Otros queréis mejorar la experiencia lingüística que tuvisteis en un hogar monolingüe, para así facilitar que vuestros hijos aprendan dos lenguas.

Este libro confirmará tu presentimiento de que educar a tu hijo de forma bilingüe conlleva enormes ventajas. En él se muestran investigaciones que así lo demuestran, así como testimonios de algunas personas que educaron a sus hijos de forma bilingüe, o que fueron educadas, con éxito, de forma bilingüe. Siempre que me es posible incluyo recursos para ayudar a los padres a crear un hogar que fomente un desarrollo bilingüe.

Asimismo, también juego el papel de «abogada del diablo» para analizar los argumentos contrarios a una educación bilingüe, que puede que hayáis oído alguna vez: que dos lenguas confunden a los niños, o que el aprendizaje temprano de una segunda lengua merma el conocimiento de la primera. La información y los ejemplos[3] que encontrarás en este libro te permitirán desterrar esos temores y ganar confianza en la decisión de educar a tus hijos en dos lenguas.

Mi deseo es doble. Por un lado, ilusionaros con la posibilidad de educar a vuestros hijos de forma bilingüe y, por otro, ayudaros a conseguirlo. Personalmente, quiero creer que algún día tendré nietos y ahijados bilingües. ¡Quizá este libro ayude a sus padres y a otros lectores!

Cómo utilizar este libro

Los siete capítulos del libro siguen una secuencia lógica, pero creo que es posible que los padres más ocupados consulten sus distintas secciones de forma aleatoria, según sus necesidades. El siguiente listado, «¿Qué se puede encontrar en este libro?», sigue el orden de las páginas e incluye los temas principales de cada capítulo. Si decides saltártelo, te recomiendo echar un vistazo al apartado de Recursos, tras el capítulo 7.

---

[3] Las referencias de cada capítulo pueden encontrarse al final del libro.

¿Qué se puede encontrar en este libro?

Argumentos e investigaciones que refuerzan tu decisión de criar a tus hijos de forma bilingüe (capítulo 1).

Información básica sobre el aprendizaje lingüístico de la primera lengua de tu hijo (capítulo 2).

Información básica sobre el hecho de ser bilingüe (capítulo 3).

Las estrategias más importantes para hogares y comunidades bilingües (capítulo 4).

Testimonios de familias bilingües (capítulo 5).

Qué síntomas detectar: educar a un niño bilingüe que sospechas que tiene necesidades especiales (capítulo 6).

Evidencia científica que demuestra que criar a un niño de forma bilingüe no daña su capacidad cognitiva ni su desarrollo académico. Además se trata el asunto de la identidad de los niños bilingües (capítulo 7)

Personas, lugares y recursos para padres de niños bilingües (recursos).

Capítulo 1

Los beneficios del bilingüismo infantil

En este capítulo se describen la ventajas de ser bilingüe y se muestra la evidencia científica que apoya tu decisión de educar a tu hijo de forma bilingüe. Trataremos los siguientes aspectos:

— Por qué algunos padres quieren que sus hijos hablen más de un idioma.
— Qué mejoras intelectuales y creativas le aporta a tu hijo el hecho de ser bilingüe.
— En qué beneficia esto a la familia y a la comunidad.

Los informes de las investigaciones están organizados según dónde se encuentren los beneficios del bilingüismo, con especial hincapié en los siguientes aspectos:

— Conocimiento profundo del idioma.
— Desarrollo cognitivo paralelo.
— Desarrollo social y cultural.

Asimismo, también demostraremos que no necesitas ser bilingüe para tener un hijo bilingüe.

¿Es habitual la educación bilingüe?

Los niños aprenden su primera lengua de forma natural a través de la interacción con sus padres o tutores y sin necesidad de una enseñanza formal. Con un poco de planificación pueden aprender una segunda (o tercera) lengua de la misma manera, de forma natural y sin clases.

Mucha gente, sobre todo de países occidentales, piensa que crecer en un entorno monolingüe es lo habitual. Sin embargo, lejos de ser la norma, ser monolingüe es la excepción. Apenas quedan lugares en el mundo en los que una sociedad viva completamente aislada del contacto con personas de otras culturas. El bilingüismo es una realidad, un hecho del que puedes aprovecharte para beneficiar a tu familia.

En los países o regiones bilingües, los padres exponen a sus hijos desde que son pequeños a lenguas adicionales, para que así puedan hablarlas como nativos. La lingüista Althea Gupta afirma que, en la India y Singapur, por ejemplo, muchas familias hablan dos y tres idiomas en sus hogares, y esperan que sus hijos las aprendan todas. Según Gupta, en esos países la excepción es el niño que llega a preescolar con una sola lengua.

Cada vez más, el estudio reglado de idiomas comienza previamente a la escuela, pues bastantes familias contratan a tutores que enseñen una lengua distinta a la de los padres. Viajan con sus hijos para que aprendan sobre otras culturas y oigan otros idiomas, para que los niños estén más motivados a la hora de aprenderlos. Estos padres creen firmemente que las experiencias tempranas con una segunda lengua enriquecerán a sus hijos.

Ventajas de una educación bilingüe

Más adelante, en este mismo capítulo, repasaremos los estudios publicados, para conocer más en profundidad los beneficios intelectuales y de creatividad asociada y agilidad mental que el niño gana gracias a la educación bilingüe. Los científicos sociales han demostrado que los padres con una percepción favorable a la apertura y el respeto hacia los demás suelen haber tenido más experiencias relacionadas con el aprendizaje de otros idiomas. Gracias a un nuevo idioma, los niños pueden tener el tipo de relación cercana que una lengua común permite con personas de otras culturas.

En primer lugar, prestemos atención a lo que pueden contarnos las personas que han pasado por la experiencia de un hogar bilingüe. ¿Por qué motivo decidieron los padres hacerlo? ¿En qué se beneficiaron los hijos? ¿En qué piensan los hijos que los benefició? Al documentarme para este libro, además de los estudios ya publicados consulté a más de cien familias, con la intención de encontrar respuestas a estas y otras preguntas. Sus respuestas aparecen a lo largo del libro, aunque se encuentran de manera más detallada en los capítulos 5 y 6.

Ventajas del bilingüismo desde el punto de vista de los padres

Curiosamente, he constatado que la gente que proviene de ambientes bilingües casi nunca hace referencia a la gran cantidad de beneficios cognitivos e intelectuales mostrados por las investigaciones. Para muchos de ellos, el idioma se corresponde con el entorno más privado y personal, relacionado con la familia, la intimidad y la identidad cultural.

Christina Bosemark, de www.multilingualchildren.com, explica:

«Al principio no hablaba con mi hija en mi lengua materna, pero cuando visitamos a sus abuelos y la vi jugar con sus primos, me di cuenta de que un importantísimo vínculo con el pasado se perdería sin remedio si no pudiera hablar sueco. Por ese motivo comencé a hablarle en sueco de inmediato».

Otros lo hacen simplemente por razones prácticas, sobre todo si consideran que su estancia en un nuevo país es temporal. Al utilizar dos idiomas con sus hijos, dejan la puerta abierta para que sus hijos se reintegren en el sistema educativo de su país de origen. Para otros, la razón de aceptar un trabajo en el extranjero fue dar a sus hijos la posibilidad de aprender una segunda lengua desde pequeños y sin dificultad:

«Creemos que supone una gran oportunidad, tanto desde mi positiva experiencia personal como persona bilingüe, como desde la de mi marido, que tuvo que esforzarse muchísimo de adulto para llegar a dominar dos idiomas».

Cuando unos padres deciden hablar en el hogar una lengua que hablan con fluidez, pero no como su lengua materna, están realizando una apuesta incluso más audaz que aquellos que deciden hablar a sus hijos en su lengua materna. Sin embargo, su optimismo es también extraordinario:

«Sabemos que solo puede beneficiar a nuestros hijos, no perjudicarlos».

«En una sociedad multicultural, los niños bilingües tendrán mayor conciencia social, serán más abiertos a otras culturas y tradiciones».

Incluso en los casos en los que estos padres no fueron educados como bilingües, comparten la pasión por otros idiomas. Con frecuencia, los padres no nativos que se deciden a crear hogares bilingües son aquellos que estudiaron en el extranjero en su época adolescente, o que tuvieron una relación más estrecha con los estudiantes extranjeros de su clase. De adolescentes descubrieron las maravillas de las distintas lenguas. Hoy en día, como padres, ni siquiera se plantean que sus hijos no crezcan aprendiendo tres idiomas, y hacen todo lo necesario para conseguirlo.

Por último, los padres que no fueron educados de forma bilingüe se sienten atraídos por los colegios que enseñan a sus hijos otro idioma.

«[En la escuela] nuestro hijo se beneficia de lo mejor de ambas variantes: una excelente experiencia lingüística y una sólida base académica».

Ventajas de una educación bilingüe desde el punto de vista de los niños

Muchas veces he oído a gente lamentarse de no haber aprendido más idiomas cuando eran pequeños, pero rara vez, si es que se ha dado el caso, he oído a alguien quejarse de haber aprendido un segundo idioma. La mayoría de las personas que se convirtieron en bilingües de niños lo consideran un regalo. Recuerdan su experiencia de crecer con dos idiomas como fácil y natural. «El inglés (mi segunda lengua) debió ser fácil —rememora Ana, que también habla español—, porque no recuerdo haberlo aprendido. Siento como si siempre lo hubiera sabido». Les hice a personas como Ana una serie de preguntas para que dijeran algo negativo sobre el aprendizaje de dos idiomas en su juventud, pero muchos de ellos solo ven ventajas:

«Soy muy afortunado por haber crecido en un hogar bilingüe».

«Ha enriquecido mi vida, me ha permitido apreciar mejor otras culturas».

«Si puedo, quiero que mis hijos hereden este patrimonio».

Diferentes tipos de beneficios de una educación bilingüe: por dinero o por amor

Gardner y Lambert, pioneros en la investigación sobre el aprendizaje de una lengua, clasificaron en dos tipos las razones o motivos para aprender una segunda lengua: prácticos y emocionales. Uno implica utilizar el idioma como una herramienta para lograr algo, como por ejemplo un trabajo, mientras que el otro significa aprender un idioma por amor a ese idioma y para formar parte de la comunidad que lo habla. Sin embargo, ambos nos ayudan a entender las razones por las que muchas familias crean un hogar bilingüe.

Beneficios prácticos

Uno de los motivos más frecuentes es el de optar a trabajos reservados exclusivamente para bilingües. Conocer el idioma de otro país facilita el traslado y la educación allí. Puedes comunicarte con más gente y aumentar tus posibilidades profesionales. Por ejemplo, un ejecutivo tiene la posibilidad de añadir países enteros a su cartera de potenciales clientes.

Recientemente, los geógrafos políticos de la Universidad de Miami compararon los potenciales beneficios económicos de los bilingües y de los monolingües, y llegaron a la conclusión de que los bilingües ganaban más a lo largo de sus vidas. Además, hay empresas dedicadas al sector servicios, y en otros ámbitos, que solo están dispuestas a contratar a personas que puedan moverse con libertad en más de una comunidad lingüística. No solo cuentan con ventaja por hablar el mismo idioma que sus clientes, sino por entender las necesidades de estos mejor que aquellos que no comparten su mismo idioma. En particular, las carreras diplomáticas ayudan a tender puentes en el entendimiento entre distintos grupos o comunidades lingüísticas.

Para la Unión Europea, que cuenta con veintitrés lenguas oficiales, el bilingüismo de los niños se ha convertido en una necesidad. Si una mayoría de sus ciudadanos no se convierten en bilingües, o incluso en multilingües, será imposible una administración eficiente de la Unión Europea. Su mejor baza para conseguirlo son los niños. De la misma forma, el gobierno y las empresas de Estados Unidos consideran muy valiosos para los intereses nacionales a los hablantes bilingües de ciertos idiomas «estratégicos». No es casual, por ejemplo, que Ali Soufan, uno de los agentes del FBI que realizaba un seguimiento más estrecho a Al Qaeda antes del 11-S, fuera, en su juventud, un niño bilingüe procedente del Líbano.

Beneficios emocionales

Por su parte, las razones emocionales están íntimamente relacionadas con el deseo de aprender una lengua con el propósito de enriquecerse culturalmente, o para considerarse parte de las comunidades que hablan esa lengua. Los niños que hablan idiomas sin acento son aceptados más fácilmente por otros hablantes de esas lenguas. Esta motivación cobra especial relevancia si el hecho de hablar una sola lengua en el núcleo familiar impide que los niños puedan identificarse con sus propios padres.

LA FAMILIA

De hecho, la motivación más frecuente de los padres bilingües con los que me entrevisté consistía en dotar a sus hijos de los recursos para que pudieran relacionarse con sus familiares. Realizan el esfuerzo para ayudar a sus hijos a aprender el idioma de sus abuelos y otros familiares. Quieren que sus hijos se sientan cercanos y unidos a las dos partes de la familia y que puedan participar en las conversaciones con los amigos de la familia.

«Les permitirá ser conscientes de sus raíces y sentirse cómodos en las dos culturas. No serán forasteros ni aquí ni allí».

Los familiares, cuando se tienen, juegan un papel esencial en la buena salud emocional familiar, y este hecho por sí solo explica que muchas familias utilicen dos idiomas. De este modo, los niños pueden sentir el cariño y la comprensión de sus abuelos y tíos, y compartir juegos con sus primos. Por su parte, los abuelos experimentan una enorme satisfacción al poder conocer en profundidad a los hijos de sus hijos.

Es más, a menudo un padre que se relaciona con sus hijos en una lengua distinta de la comunidad en la que viven, consigue un nexo de unión más próximo, que proviene de su comunicación «privada». Las parejas que no residen en su lugar de origen quieren dejar la puerta abierta a un posible regreso, por lo que consideran beneficioso mantener un segundo idioma en su hogar.

Muchas parejas monolingües que adoptan niños en el extranjero se muestran preocupadas por cómo sus hijos se identificarán con el grupo étnico al que pertenecen y, con el tiempo, con sus familias de nacimiento.

Acceso a la herencia cultural

Además, el idioma permite al niño un acceso privilegiado a los usos y costumbres que caracterizan su herencia cultural. Un niño bilingüe (ahora adulto) nos comentó:
«No sé si hubiese entendido la cultura de mis padres si la hubiera conocido a través del inglés. No tengo duda de que hubiese sido un espectador en las celebraciones, que eran los momentos más especiales de mis visitas a la India. Como hablaba el idioma, fui parte de ellas».

El lazo de unión más fuerte con las prácticas tradicionales y el folclore (remedios medicinales, canciones, chistes, maldiciones, etc.) se encuentra en el idioma en el que fueron creados. Pueden ser traducidos, pero es posible disfrutar de ellos en profundidad en la lengua original. Sin hablantes nativos que los practiquen, estas tradiciones pierden su autenticidad y, con el tiempo, son abandonadas. Ninguna traducción puede captar el sentido completo y los matices de las palabras en otro idioma, en particular las elegidas con especial esmero para un poema. Como sugiere la poeta angloirlandesa Nuala Ni Dhomhnaill, cada traducción «pone de relieve diferentes aspectos del original, del mismo modo que de los diferentes cortes de un diamante emanan distintas luces».

Mantener el papel de los padres

Si los niños aprenden la lengua de sus padres, los padres cuyo idioma no es el de la comunidad en la que viven pueden involucrarse en las vidas e intereses de sus hijos con más facilidad. Los niños tendrán menos probabilidades de alejarse de estos padres que no llevan a cabo la transición hacia unos nuevos idioma y cultura. Siempre me conmuevo al releer las memorias de Richard Rodríguez, *Hunger of Memory*[1] (Hambre de memoria) Sus padres, inmigrantes mexicanos en Estados Unidos, siguieron la recomendación de hablar en su casa exclusiva-

---

[1] Richard Rodríguez, *Hambre de memoria,* Editorial Megazul, Madrid, 1982.

mente en inglés, y al hacerlo perdieron el papel de líderes de la familia. La conversación a la hora de la cena estaba en manos de los niños. Dado que el inglés de los padres era limitado, su elección los dejó al margen, y las vidas de sus hijos se alejaron de ellos. Rodríguez describe con gran viveza las conversaciones con sus hermanos, a las que su madre asistía como una espectadora de tenis, mientras que su padre se inhibía totalmente. Si en las cenas familiares se hubieran comunicado en español —que los niños hablaban estupendamente—, el aislamiento de los padres no hubiese tenido lugar.

QUÉ DISFRUTAN MÁS LOS PADRES

Para muchos padres, el deseo de educar a sus hijos en la lengua que no es la comunitaria es el deseo de criar a sus hijos de la misma forma en la que ellos fueron criados, en la que es para ellos la lengua de la intimidad y el cariño.

«Queremos relacionarnos con ellos en el idioma en el que mejor nos desenvolvemos, el que es para nosotros el idioma de casa, con el que nos sentimos cómodos».

«Puedo hablarles de lo que para mí es más importante de la manera en la que quiero decirlo».

«Me resulta más natural hablar a los bebés y a los niños en el idioma en el que a mí me hablaban, cantar las canciones que me cantaban y jugar a los juegos que jugaba».

En una encuesta del Welsh Language Board de Gales, los padres comentaban qué era lo que más disfrutaban al hablar esta lengua minoritaria con sus hijos. Muchos respondieron simplemente que hablar a sus hijos en la lengua en la que les hablaban a ellos de niños les hacía sentirse mejor. Un padre señaló que si no le hablase a su hijo en gaélico, este no podría llegar a conocerlo [al padre] en profundidad.

Asimismo, la lengua materna es el idioma en el que los padres pueden hablar con más autoridad. Como es lógico, se encuentran más cómodos en una lengua en la que no cometen errores gramaticales (que los niños no dudarán en poner de relieve). El padre de una de las familias participantes en un estudio que realizamos en Miami (Miami Infant Study) nos confesó que cuando se encontraba en una situación comprometida, cambiaba inconscientemente al español, con el que su capacidad de reacción es mayor. Lo mismo sucede cuando los padres tienen que regañar a sus hijos. Con frecuencia, su lengua materna suele ser la utilizada para mostrar enfado o cariño. Mi vecina Marielle me comentó que siempre sabía si su madre estaba realmente enfada, pues cambiaba al francés.

Por otra parte, no hay un patrón único para todos. A veces, pero con menos frecuencia, no es la lengua materna la que tiene la mayor influencia emocional. Algunas personas, como el autor George Saunders (del que hablaremos de nuevo en el capítulo 5), que han conseguido un conocimiento profundo, sentimental e intelectual de su segunda lengua, quieren trasladar esa experiencia a los niños. Derivado de su lengua de adopción, esas personas tendrán un sentimiento especial.

Beneficios incluso para los «bilingües accidentales»

Tanto si los padres eligen educar a sus hijos de forma bilingüe como si son obligados a ello debido a un traslado al extranjero por motivos de trabajo o se ven forzados a emigrar, sus hijos se beneficiarán de la experiencia. Cuando se hacen mayores, muchos de esos niños siguen teniendo relación con ese idioma, e incluso estudian filología, o carreras lingüísticamente afines. Tanto si fueron conscientes de la experiencia como si no, esta abre sus mentes a la posibilidad y la promesa de otra cultura, y supone un primer paso en su siguiente lengua. Existen infinidad de estudios que muestran que los niños bilingües, incluso aquellos cuyas familias no lo eligieron expresamente, aprenden mejor una tercera lengua que los monolingües y solucionan problemas de forma más eficiente, entre otros talentos que veremos a continuación.

¿Son dos lenguas mejor que una?: Investigaciones que lo demuestran

Las investigaciones muestran que los niños que hablan, al menos, dos lenguas son más capaces en tres de las principales áreas del lenguaje: comunicación, pensamiento y conocimiento sobre su cultura. En esta sección, mi objetivo es desgranar sistemáticamente los beneficios que la ciencia ha demostrado y, al hacerlo, confirmar las sospechas de los padres sobre los beneficios que se derivarán de esta experiencia para sus hijos y para ellos. A continuación revelaré las evidencias científicas acerca de los beneficios adicionales (lingüísticas, cognitivas y culturales) que les proporcionas a tus hijos al ayudarles a hacerse bilingües. En el capítulo 7 me extenderé sobre las preocupaciones de los padres en lo que concierne al desarrollo lingüístico y cognitivo y a los problemas de identidad.

Las investigaciones que vamos a analizar muestran que saber una segunda lengua conlleva tres tipos de beneficios tangibles para los niños:

Son prematuros a la hora de adquirir «conciencia sobre el lenguaje». Este conocimiento es una de las habilidades básicas para aprender a leer y escribir. También ayudará a los niños cuando quieran, o necesiten, aprender una tercera (o cuarta, o quinta) lengua.

Además, los bilingües también consiguen mejorar las habilidades externas al lenguaje que se desprenden del hecho de aprender y procesar dos idiomas, sobre todo en el ámbito de las habilidades del pensamiento. Las nuevas evidencias incluso indican que ser bilingüe ayuda a conservar en buen estado durante más tiempo la salud mental de las personas mayores. Asimismo, el niño también desarrolla una visión más amplia del mundo y un mejor conocimiento social, que esperamos que permita construir una sociedad más tolerante.

Conocimiento sobre el lenguaje

Los niños bilingües tienen ventaja en la forma en la que piensan sobre sus idiomas. Son conscientes, antes que los monolingües, de los distintos componentes de las lenguas y de cómo estos se ensamblan. Los neurólogos explican que los dos idiomas de un bilingüe siempre se encuentran activados en el cerebro. Por lo tanto, los bilingües deben realizar una elección subconsciente cada vez que van a abrir la boca: sus cerebros tienen que decidir en qué idioma decirle a sus bocas que hablen. Cada vez que oyen algo, antes de interpretarlo no les queda más remedio que determinar de qué idioma se trata. En consecuencia, no resulta sorprendente que dado que los bilingües se ven obligados a pensar sobre el lenguaje tan a menudo, sobresalgan en las habilidades que implican pensar sobre el lenguaje. Utilizan palabras para referirse a otras cosas, pero también pueden usarlas para hablar sobre las propias palabras. «Ven» el lenguaje tanto como lo utilizan.

¿QUÉ SIGNIFICA «VER» EL LENGUAJE?

Para entender este concepto, podemos pensar en las palabras como si fueran ventanas que nos permiten ver el objeto o el concepto que representan. De manera que si digo «perro», la imagen que se te viene a la cabeza es la de un animal peludo y ladrador que a menudo se tiene como mascota. El sonido de la palabra «perro», por sí mismo, no capta tu atención, sino que la dirige hacia tu animal a través de la palabra. Pero si pregunto cuántos sonidos tiene la palabra «perro», la palabra deja de ser una ventana a través de la cual ves el perro. Ahora la palabra es el «objeto» acerca del cual tienes que pensar para contar sus sonidos. Ser capaz de centrarse en los sonidos de la propia palabra es la base para aprender a leer y desarrollar otras habilidades académicas.

Habitualmente utilizamos palabras, no hablamos sobre ellas. Sin embargo, para escribir y leer lo escrito, los niños tienen que saber sobre esos símbolos llamados «letras» y entender cómo se relacionan con los sonidos de los que están hechas las palabras. Deben comprender que estos garabatos dibujados sobre el folio representan sonidos específicos que tienen que recrear en sus mentes, mientras que esos otros parecidos garabatos son simplemente un bonito diseño.

Ellen Bialystok, de la Universidad de York, en Toronto, es la autora de gran parte de las investigaciones realizadas en este campo. Su trabajo muestra que los niños bilingües ven los sonidos y las sílabas, además de los objetos a los que representan, antes que los niños monolingües con una inteligencia similar.

Palabras en las frases y palabras en las mentes

Un ejemplo que ilustra esta conciencia temprana de los niños bilingües se observa en las diferentes respuestas de adultos y niños en las pruebas de asociación de palabras. ¿Cuál es la primera palabra que te viene a la cabeza cuando digo «perro»? En la mayoría de los casos, los niños realizan las asociaciones como si estuvieran utilizando la palabra en una frase: «perro-ladra». Por su parte, los adultos tienden a dar respuestas tipo «diccionario», con palabras del mismo tipo: «perro-gato». El adulto no responde como lo haría si utilizara la palabra en un contexto, sino como si hablara sobre ella.

Se ha establecido que la evolución del tipo de respuesta, de la «relación con una frase» a una «relación con el diccionario» ocurre entre los cinco y los ocho años; sin embargo, en los niños bilingües la respuesta relacionada con el diccionario sucede antes que en los niños monolingües. Esto indica que son capaces de pensar sobre una palabra independientemente de la frase en la que pueda aparecer. Cuando los niños son capaces de hacer eso, manifiestan que están organizando sus diccionarios mentales y ampliando su vocabulario. Los niños que saben acerca de lo que saben tienen una mejor percepción de lo que significan las palabras porque pueden relacionarlas con palabras similares u opuestas, como un diccionario. A este fenómeno se le llama metaconocimiento, que viene del griego «meta», que significa «más allá de», o «acerca de». Los niños están aprendiendo muchos «metas», siendo metalenguaje (lenguaje sobre el lenguaje) y metapensamiento (pensamiento sobre el pensamiento) los más relevantes en el caso que nos ocupa.

«La palabra mágica»

A menudo, los niños más jóvenes no son capaces de diferenciar una palabra de su significado, así que para ellos, de forma «mágica», la palabra se convierte en el significado. Solo un reducido grupo de palabras, como los nombres de los sonidos, tienen relación física con su significado: «miau» representa el sonido de un gato y suena como un gatito. Para la mayoría de las palabras, el nombre y lo que designan no están relacionados, excepto por el lenguaje. La palabra «perro» representa a un perro, pero también «dog», en inglés, representa a un perro. Por el contrario, el humo es un símbolo universal para el fuego. El humo nos alerta de la presencia del fuego porque solamente hay humo si hay fuego. Puede representar al fuego, sin importar la lengua de la que se trate. Cuando afirmamos que el «humo significa fuego», existe una relación física entre ellos. Sin embargo, la palabra específica para «humo» que «significa fuego» en un idioma no es universal, y se puede cambiar si elegimos otro idioma («fuego», «fire», o «feu»), o como un acuerdo temporal entre personas que necesitan un código privado. Por ejemplo, podríamos jugar a que si decimos «ubleck», significa «fuego», y la otra persona tiene que venir corriendo. Seríamos los únicos para quienes «ubleck» tendría ese significado. A los niños bilingües les resulta más fácil entender que una palabra es este segundo tipo de símbolo, y que tiene una conexión real con lo que representa.

Jean Piaget, el renombrado psicólogo suizo, analizó en un famoso experimento la comprensión por parte de los niños de esta relación abstracta entre palabras y conceptos. Preguntó a los niños si sería posible intercambiar los nombres del sol y la luna, y si era así, a cuál de los dos veríamos en el cielo por la noche. En la mayoría de los casos, los niños podían cambiar los nombres y responder correctamente que por la noche «el sol» estaría en el cielo. Sin embargo, llegados a ese punto, lo difícil para los niños eras decir cómo sería el cielo por la noche: insistían en que por la noche el cielo estaría iluminado. Puesto que solo los nombres, no los objetos, habían cambiado, los niños del estudio de Piaget deberían haberse dado cuenta de que el cielo hubiera seguido estando oscuro por la noche, aunque la «luna-ahora-llamada-sol» estuviera en lo alto del cielo.

Años después, Jim Cummins, de la Universidad de Toronto, uno de los pioneros en el estudio del bilingüismo, demostró que los niños bilingües eran mejores que los monolingües en la solución al problema sol-luna planteado por Piaget. No en vano, están más acostumbrados a cambiar de nombres a las cosas: para mamá, esto es «un libro»; para papá, «a book». En los experimentos de Cummins, monolingües y bilingües eran capaces de aprender nuevos nombres para las cosas, tanto si eran nombres reales, como en el experimento «sol-luna» de Piaget, como palabras inventadas, pero los bilingües tenían más éxito que los monolingües a la hora de utilizar nuevas palabras con el antiguo significado de las frases. Esto se debe a que los bilingües llevan a cabo esa tarea a diario. Desde bien temprano aprenden que la palabra y el objeto son dos cosas distintas. La palabra «serpiente» no es delgada y alargada. La palabra «rojo», aunque esté escrita en verde, sigue refiriéndose al color rojo.

POR QUÉ ESTAS HABILIDADES METALINGÜÍSTICAS SON IMPORTANTES PARA LOS NIÑOS: LEER Y ESCRIBIR

Quizá los padres se pregunten por qué los psicólogos y los educadores conceden tanta importancia a esta habilidad de ser conscientes de las «palabras-como-palabras». Esta es la razón: el entendimiento de la estructura de una lengua le da al niño una importante herramienta para desarrollar sus habilidades cognitivas. Al tiempo que maduramos y desarrollamos más pensamiento abstracto, aprendemos a separar en nuestra mente ideas y conceptos de los símbolos que usamos para representarlos.

Leer y escribir son las habilidades más comunes, y tal vez las más relevantes, en lo referente a esta conciencia sobre los elementos del lenguaje, pero no son los únicos. En general, «el pensamiento sobre el pensamiento» es una evolución importante en la capacidad cerebral de los niños. Cuanto mejor consigue el niño pensar sobre el lenguaje, mejores resultados consigue en la escuela. Sin embargo, los niños con una conciencia lingüística menor lo hacen peor. Con los bilingües, los experimentos controlados dejan claro que ser bilingüe marca la diferencia. Los bilingües tienen mucha práctica en usar una palabra para invocar otra (de hecho, lo hacen a diario). Como veremos a continuación, les ayuda a acercarse a la lectura y a la escritura antes que a los niños monolingües con la misma experiencia en el idioma en el que están aprendiendo a leer.

De los sonidos a las letras: «Conciencia fonémica»

En distintas partes del mundo se han desarrollado varios sistemas para explicar cómo los símbolos escritos representan el significado. Para descifrar cualquier sistema de escritura alfabética, los niños deben aprender a desmenuzar la palabra en unidades más pequeñas (sonidos y sílabas) y a asociar estos sonidos con símbolos o letras que los representan. Por tanto, cuando veas «s», di «ss»; cuando veas «i», di «ih», etc. Cuando veas «s-í» di «ss-ih». Las letras nos dan pistas para los sonidos. Si pones los sonidos juntos, obtienes la palabra, y de la palabra, el significado. Sin embargo, en los sistemas logográficos cada logograma tiene un significado propio. Por ejemplo, el número 6, representa a la palabra «seis». Incluso en los sistemas alfabéticos, encontraremos gran cantidad de logogramas, entre los cuales los más comunes son los números.

Puede parecer más sencillo ir directamente del símbolo al significado sin tener que traducir las letras a sonidos y, luego, conectar los sonidos con una palabra. De hecho, algunos sistemas de escritura, como el utilizado por los chinos, lo hacen de esa manera. Si bien ese sistema nos evita tener que dividir las palabras en sonidos para traducirlas a letras, los chinos necesitan memorizar miles y miles de parejas de símbolo-palabra, de uno en uno. Por el contrario, cuando aprendes a leer con el abecedario, tienes que realizar un paso más, pero solo tienes que memorizar entre treinta y cuarenta pares de sonido-símbolo, y puedes utilizarlos para deletrear cualquier palabra.

Ellen Bialystok comparó a los hablantes monolingües de inglés con tres casos distintos de bilingüismo: español-inglés, chino-inglés y hebreo-inglés, para analizar su conciencia sobre los sonidos. A los niños de seis años y medio se les pidió que contaran los sonidos en una palabra, por ejemplo «s-o-l» tiene tres sonidos, «p-e-rr-o» tiene cuatro. Todos los bilingües hablaban ambas lenguas bien y estaban aprendiendo a leer en sus dos idiomas. Las estadísticas de Bialystok compensan cualquier diferencia entre la memoria de los niños y sus habilidades con el vocabulario, así que las diferencias entre los grupos no podían deberse a esos factores.

Los grupos que mejor lo hicieron fueron los bilingües español-inglés y hebreo-inglés, porque ambos grupos aprenden dos sistemas alfabéticos, así que tienen el doble de práctica en dividir las palabras en unidades de sonido que se corresponden con letras del abecedario. Los participantes monolingües en inglés sacaron los peores resultados de los cuatro grupos, y el grupo bilingüe chino-inglés sacó peores resultados que los niños de las combinaciones con español y hebreo, pero mejores que el grupo de monolingües en inglés. Los de chino-inglés solo aprendían un «abecedario», el inglés, pero aun así tenían que practicar con dos sistemas de escritura: el inglés, basado en las letras del abecedario para representar los sonidos individuales de una palabra, y el chino, en el que cada símbolo representa una palabra completa. Según parece, aunque tenían un solo abecedario, contaban con la ventaja adicional de su mayor experiencia en dominar las asociaciones de símbolos escritos con palabras, de manera que pudieran leerlas.

La palabra escrita

Para aprender a leer y escribir, los niños también necesitan distinguir que una determinada secuencia de letras siempre representa una misma palabra. No debiera importar si la palabra escrita está al revés, o no concuerda con la ilustración que la acompaña. Bialystok se valió de la «prueba de la palabra errante» para tratar de hallar si los niños monolingües y bilingües entendían cómo funcionaba este aspecto de la escritura. Para comenzar, hizo una prueba previa con niños de cuatro y cinco años para saber cuál era su conocimiento de las letras; una vez conocidos los resultados, eligió trabajar únicamente con aquellos que conocían las letras y eran capaces de decir sus sonidos, pero que no sabían leer por sí mismos.

A continuación, se les mostraron a los niños dos imágenes, por ejemplo un rey y un pájaro. Seguidamente, se enseña una carta con el nombre de uno de los objetos. En ese momento, Bialystok dice: «Esta carta lleva escrita la palabra rey. La voy a poner aquí», y la deposita bajo la imagen del rey. Entonces le pregunta al niño qué estaba escrito en la carta. La mayoría de quienes están aprendiendo a leer dirían que «rey». Llegados a este punto, el experimento trata de crear cierta confusión, dos peluches se ponen a pelear, o un elefante que estornuda sonoramente, de manera que se muevan los elementos y la carta con la palabra escrita acabe bajo el dibujo que no corresponde con ella. Y de nuevo se le pregunta al niño cuál es la palabra escrita.

La pregunta clave es la segunda, que se efectúa en el momento en el que la carta con la palabra está bajo el dibujo equivocado. Bialystok calculó que los bilingües van más de un año por delante de los monolingües a la hora de reconocer que la palabra escrita no había cambiado al colocarla bajo otro dibujo. Esta es una pieza clave en el rompecabezas de la lectura. Entre los individuos monolingües, solo el 38% respondió correctamente, en comparación con el 82% de los bilingües con el mismo nivel lector. Los bilingües de cuatro años iban por delante de los monolingües de cinco años.

Mis propios estudios, compartidos con algunos compañeros de la Universidad de Miami, Florida, llevados a cabo con niños de primaria que estaban aprendiendo a leer en dos lenguas, demostraron que los bilingües llevaban ventaja. En nuestra investigación sobre 960 escolares bilingües inglés-español y monolingües en inglés, distinguimos tres grupos: uno monolingüe y dos bilingües. El primero fue formado por alumnos cuyo colegio era solo en inglés, y aprendían español en casa. El segundo grupo de bilingües era el de aquellos que acudían a un colegio bilingüe, la mitad del día en inglés y, la otra mitad, en español. Los niños del segundo grupo aprendieron a leer en los dos idiomas desde el principio.

No resultó sorprendente que entre los niños más pequeños, según los resultados de las pruebas de lectura que les realizamos, los dos grupos bilingües no se diferenciaran entre sí, ni tampoco del grupo monolingüe. A esa edad aún no se espera que sepan leer, así que las pruebas a los niños más pequeños consistieron en comprobar cómo identificaban algunas imágenes y las letras del abecedario. Sin embargo, a partir de los seis o siete años aparecieron diferencias en las habilidades lectoras de los grupos. Las diferencias eran favorables al grupo que era educado en dos idiomas, e incluso la ventaja se seguía reflejando entre los niños de diez u once años (el grupo de niños de más edad del estudio). No es de extrañar que el grupo del colegio bilingüe sacara mejores resultados en la lectura en español, puesto que al grupo que solo hablaba español en casa no le habían enseñado a hacerlo. Pero lo más llamativo fue constatar que aprender a leer en inglés y español mejoraba los resultados de la lectura en inglés, pues en algunas pruebas incluso superaban a los monolingües. Al parecer, el hecho de elaborar reglas para dos sistemas de escritura distintos, una vez realizado, hace que para los bilingües las reglas sean más explícitas que para aquellos que aprender a leer solo en un idioma.

Mayor flexibilidad mental

Otra de las áreas cognitivas en la que sobresalen los bilingües es en la flexibilidad mental, la habilidad que nos permite encontrar distintas soluciones a un solo problema. Se considera que este tipo de pensamiento es uno de los elementos básicos de la creatividad. En las pruebas tempranas sobre esta habilidad, los bilingües dieron con varios usos para objetos cotidianos (como un trozo de papel, un ladrillo, o una caja de cartón) y hallaron más soluciones a los problemas. Experimentos posteriores analizaron la habilidad de los bilingües para aplicar esa flexibilidad mental en un programa científico basado en un método empírico. Los bilingües fueron capaces de encontrar el triple de hipótesis para resolver problemas relacionados con la ciencia que los monolingües. Y lo hicieron mejor a pesar de que su puntuación en las pruebas de lectura era más baja e iban a colegios con menos recursos, cuyos alumnos suelen sacar peores resultados que los de las escuelas con más recursos.

Atención selectiva

Recientemente, los investigadores han descubierto una nueva faceta en la que los bilingües son más rápidos y precisos que los monolingües. Con diferentes combinaciones de idiomas, a edades distintas, los bilingües sobresalen en atención selectiva. Los bilingües llevan ventaja en tareas que requieren centrarse en uno o dos aspectos del cometido, al tiempo que se ignora la información extra o que interfiera. Cuanto más desorientador sea el material a ignorar, mayor la ventaja de los bilingües.

Un elemento de medida habitual de la atención selectiva es el llamado Stroop Test. Esta prueba presenta listas de nombres de colores impresos en colores que no coinciden con los nombres. Si, por ejemplo, la palabra «azul» está escrita en tinta roja, debes decir el color que ves (rojo), pero la mayoría de la gente dice la palabra escrita (en este caso, «azul»). Les resulta difícil evitar leerla, porque la respuesta es automática. Bialystok explica que los bilingües, desde que empiezan a utilizar dos lenguas, deben controlar constantemente qué idioma tienen que utilizar en cada momento y, al mismo tiempo, desconectar la otra. Gracias a este ejercicio mental extra de sus cerebros, los bilingües son más capaces que los monolingües a la hora de centrar su atención.

La ventaja de los bilingües en atención selectiva no se reduce a cuestiones verbales. También se aprecia en pruebas de percepción con pistas falsas. Para poner a prueba la capacidad de la gente para concentrarse en un aspecto mientras ignoran otro, Frye, Zelazo y otros colegas desarrollaron el «procedimiento del cambio dimensional en la elección de cartas». A los niños se les muestran dos cartas, una que, por ejemplo, representa un círculo azul, y la otra, un cuadrado rojo. A continuación, se enseñan las cartas contrarias: círculos rojos y cuadrados azules. Cuando ordenan por vez primera los elementos de acuerdo con un patrón, por ejemplo el color, resulta sencillo para todos. Tanto los niños bilingües como los monolingües realizan esta tarea igual de bien. Sin embargo, cunado se les pide a los niños que reorganicen de nuevo las cartas, esta vez según la forma, los niños bilingües son más rápidos y precisos en sus respuestas. Sus mentes son más ágiles. Su atención selectiva es mejor. Les resulta más fácil dejar la primera respuesta a un lado y encontrar la nueva.

Bialystok continuó sus experimentos con adultos bilingües muy mayores, para estudiar el funcionamiento de su mente en la vida real. Junto con sus colaboradores, estudió las historias clínicas de 184 pacientes monolingües y bilingües a quienes se había diagnosticado demencia, y encontraron que en las personas que habían hablado dos idiomas durante su vida la aparición de la demencia se producía, de media, cuatro años más tarde: la edad media de manifestación eran los setenta y cinco años, frente a los setenta y uno de los monolingües. La diferencia siguió siendo estadísticamente significativa incluso cuando los investigadores tuvieron en cuenta factores como el sexo, las diferencias culturales y el nivel académico. En el informe de Bialystok, un experto en el mal de Alzheimer afirmó que ningún medicamento consigue unos efectos tan beneficiosos como el bilingüismo.

La atención selectiva es controlada por un proceso mental conocido como «función ejecutiva». La «función ejecutiva» hace referencia a la habilidad que coordina las distintas actividades que se deben realizar para llevar a cabo cualquier tarea compleja, orientada a la consecución de un objetivo. Se cree que se desarrolla entre los dos y los cinco años y que continúa mejorando en la adolescencia y la edad adulta, pero que declina con el paso de los años (también se ve perjudicada por el consumo excesivo de alcohol). Los bilingües van construyendo los poderes de la función ejecutiva en cada conversación, cada vez que eligen y cambian entre sus idiomas. Su función ejecutiva tiene mayor necesidad, y oportunidades, de mejorar.

Entender el papel que desempeña la función ejecutiva ayuda a clarificar lo que en ocasiones en las investigaciones son considerados resultados contradictorios. Por ejemplo, un estudio concluye que los bilingües lo hacen mejor, y otro, que no están aventajados. Así que es lícito preguntarse si ser bilingüe ayuda, o no. Sí, ayuda, pero solo en tareas que requieren «conocimiento sobre el conocimiento» y un alto grado de control ejecutivo. Monolingües y bilingües realizan tareas sencillas igual de bien. Aunque se continúan realizando estudios para tratar de conocer los límites de la ventaja que otorga el bilingüismo, contamos con las suficientes evidencias para saber que los beneficios son reales y, siempre que nos lo propongamos, están a nuestro alcance.

Una perspectiva más amplia y un mejor entendimiento del «otro»

Los beneficios intelectuales del bilingüismo son reales e importantes, pero no son los únicos. En esta sección vamos a tratar los beneficios derivados de la adquisición de una «visión del mundo» más amplia. Como sostiene el psicolingüista Francois Grosjean: «[El bilingüismo] expande tus horizontes. Te permite tener dos mundos en vez de uno». Es una clara referencia a amigos, tradiciones culturales y oportunidades laborales, pero podría haber añadido que, además, los bilingües tienen dos visiones del mundo. Como dice este refrán checo: «Aprende un nuevo idioma, consigue una nueva alma».

LA «RELATIVIDAD» LINGÜÍSTICA: LA INFLUENCIA DEL IDIOMA
EN EL PENSAMIENTO Y LA PERCEPCIÓN

El estrecho lazo de unión entre la visión del mundo de un individuo y su lengua es lo que define el concepto de «relatividad lingüística». Esta teoría afirma que tu idioma determina el modo en el que ves y piensas sobre el mundo. Benjamin Whorf, uno de los primeros precursores de esta idea, quedó impresionado por la manera en la que el idioma hopi de los indios americanos del noreste de Arizona (Estados Unidos) parecía modular una visión del mundo completamente distinta a la de los hablantes de inglés. Por ejemplo, las formas verbales en hopi no establecen una concepción lineal del tiempo (primero, pasado; después, presente y, por último, futuro), como ocurre con los verbos en español («fue, es, será»). En la cultura hopi, la concepción del tiempo es circular, pasado, presente y futuro son puntos que ocurren una y otra vez. El idioma hopi, en lugar de indicar el tiempo de un acontecimiento, obliga a sus hablantes a destacar si este fue real o imaginario, si sucedió, o no. Según sea el caso, hay diferentes formas verbales. Otro ejemplo son los tiempos verbales como el subjuntivo en español, que no son frecuentes en muchas otras lenguas, por lo que pueden causar confusión para individuos que se proponen estudiar estas formas verbales de adultos.

Según una de las formas de entender la relatividad lingüística, la gente está limitada por la visión del mundo codificada en la estructura de su lengua. Esta afirmación no solo es difícil de verificar, sino que probablemente es falsa. Por ejemplo, durante algún tiempo se creyó que los nombres de los colores determinaban la manera en la que la gente los percibía. Si un idioma no tenía una palabra para el «azul» y otra para el «verde», sino que contaba con una palabra para ambos, por ejemplo «verdul», una interpretación rígida de la relatividad lingüística consideraría que a sus hablantes el verde y el azul les parecerían iguales. De hecho, los experimentos realizados que tienen distintas palabras para los colores han demostrado que esto no es así. En un idioma con una palabra como «verdul», en vez de «verde» y «azul», los hablantes perciben la diferencia, aunque no tienden a considerarlo como un contraste útil.

En estudios recientes se ha favorecido una visión más flexible de la influencia del idioma sobre nuestra forma de pensar. Según esta opción, la lengua puede modificar cómo sus hablantes ven y recuerdan objetos y acontecimientos, pero no los limita a esa visión. Tener una palabra para nombrar algo ayuda a recordarlo. Si no puedes nombrarlo, resulta más difícil recordarlo. Piensa en cuando miras a las nubes y te maravillas con las figuras que crean en el cielo. Si tres días después alguien te pidiera que describieras esas figuras, probablemente no podrías hacerlo. Sin embargo, si hubieses visto una figura a la que llamaste «cordero», o «cara», sería más fácil. Por lo menos, tener una palabra para algo lo hace más presente en nuestra mente y más fácil de recordar.

Algunas técnicas experimentales, que describiré a continuación, muestran el poder de los efectos del lenguaje sobre la memoria y la percepción y lo mucho que esos efectos pueden ser modificados por posteriores experiencias lingüísticas.

Mirar imágenes parece una actividad universal idéntica para todos, independientemente del idioma de cada uno. Quizá pienses que al ver una foto o un vídeo todos describiríamos lo visto de la misma forma. Sin embargo, como ha demostrado la psicolingüista Lera Boroditsky, de la Universidad de Stanford, los hablantes de inglés e indonesio interpretan los mismos acontecimientos de forma diferente, dependiendo de la manera en que su idioma los describa. Para probarlo, Boroditsky enseñó a los participantes tres imágenes de una acción (de una persona golpeando una pelota). En la primera imagen aparecía un hombre con una pierna hacia atrás, a punto de golpear el balón. En la segunda se muestra al mismo hombre, que acaba de golpear la pelota. En la tercera, aparece otro hombre en la misma postura que el hombre de la primera imagen, con la pierna hacia atrás y a punto de golpear la pelota. Entonces se preguntó a los participantes qué dos, de las tres, imágenes eran las más parecidas. La mayoría de los hablantes de inglés respondería que las imágenes uno y tres, «con el hombre a punto de golpear la pelota», y describirían la dos como que «ya ha golpeado la pelota». En casi todos los casos opinarían que las imágenes uno y tres, con dos hombres distintos a punto de chutar, eran las más parecidas. No sucedería lo mismo con los indonesios. En su idioma, cambiar el verbo para indicar la diferencia entre («está a punto de golpear» y «golpeó» es opcional: ambas fases de la acción de golpear son etiquetadas como «golpeando», y describirían las tres imágenes así: «un hombre golpeando una pelota». Siguiendo ese modelo, la mayoría de los indonesios respondieron que las dos imágenes con el mismo hombre eran las más parecidas, no las dos en las que dos hombres distintos estaban a punto de golpear la pelota (por supuesto, los indonesios pueden formular otra frase para indicar la posición de la pierna, pero es menos frecuente).

Curiosamente, las respuestas de los indonesios que hablaban inglés se asemejaron a las de los hablantes de inglés. Al tiempo que su nivel de inglés mejora, sus respuestas sobre un determinado hecho reflejan en mayor medida el punto de vista de los hablantes de inglés. Pero resultó incluso más fascinante observar que los bilingües indonesios coincidían con los ingleses cuando estaban en Inglaterra, y con los indonesios cuando se realizaban el experimento en Indonesia (aunque siempre contestaron señalando con el dedo las imágenes, no con palabras).

CÓMO SE BENEFICIAN LOS BILINGÜES DE LA RELATIVIDAD LINGÜÍSTICA

Las dos lenguas de los bilingües centran su atención en más aspectos de los acontecimientos, lo que les permite percibir el mundo con más matices. Los bilingües también se benefician de una perspectiva distinta, aportada por cada una de sus lenguas, lo que los hace conscientes de que su visión es solamente una de los posibles puntos de vista.

Muchos elementos del pensamiento, como los conceptos de espacio y acción, son considerados los mismos para los hablantes de todas las lenguas. Ya hemos visto que, de hecho, los hablantes son influidos por las lenguas de forma compleja. Puede que hayamos sacado la conclusión de que un bilingüe tiene dos conjuntos de esas influencias, en vez de uno. Sin embargo, la consecuencia es más profunda. El hecho de contar con dos juegos de contrastes para los mismos objetos y acontecimientos muestra que hay más de una manera «correcta» de ver las cosas. El bilingüe puede entender mejor que su perspectiva es una de las múltiples posibles. Esto constituye la base de una mayor tolerancia con las opiniones de los demás.

Hay un viejo refrán que dice que «el pez es el último en descubrir el agua». Esto se debe a que el agua es todo lo que el pez conoce. Los animales que tienen experiencia tanto con el agua como con tierra firme sabrán mejor qué es agua y qué no lo es. Ser bilingües favorece que padres e hijos tengan la oportunidad de ver cada una de sus lenguas desde fuera de la propia lengua, como una de tantas otras, ni mejor, ni peor. Incluso frente a nuestra tendencia natural a considerar que nuestra manera de hacer las cosas es mejor que el resto, los niños bilingües tienen dos maneras «superiores» y una perspectiva de conjunto más amplia. En la siguiente sección vamos a ver cómo esta perspectiva tan abstracta de la estructura del lenguaje se puede trasladar a la vida real, fomentando así una mayor comprensión de otras culturas y, es de esperar, la tolerancia y el respeto de todas las personas.

CÓMO PUEDE CAMBIAR EL IDIOMA NUESTRA PERCEPCIÓN SOBRE LOS DEMÁS

Los estudios de los psicólogos sociales con niños que van al colegio con hablantes de otras lenguas muestran claramente el papel específico que juega aprender un idioma a la hora de acabar con los prejuicios y propiciar actitudes positivas hacia los miembros de otros grupos. En un experimento liderado por Linda Tropp, de la Universidad de Massachusetts, en Estados Unidos, los investigadores dividieron a los niños hablantes de inglés en tres aulas distintas: el Tipo 1 agrupaba a los hablantes de inglés monolingües; en el Tipo 2 había niños que hablaban español mezclados con otros que hablaban inglés pero la lengua utilizada en clase siempre era el inglés, y el Tipo 3 lo formaban los bilingües, que estaban aprendiendo tanto en español como en inglés. Los padres no elegían en qué grupo se encuadraba su hijo, se hacía por sorteo.

Para saber cómo pensaban los niños sobre otros grupos étnicos, los investigadores les pidieron que eligieran, de entre un montón de imágenes, fotos de niños de su edad que no conocían. En las imágenes, algunos niños tenían aspecto latinoamericano, y otros europeo, o estadounidense. El ejercicio consistía en elegir fotos de niños que parecieran inteligentes, que pareciera que tenían muchos amigos, que pareciera que podrían ser amigos suyos, etc.

Los resultados no dejaron lugar a dudas. No fue suficiente con compartir la clase con niños latinoamericanos para desarrollar actitudes positivas hacia ellos. Era necesario que el español fuera valorado por todos los de la clase. Eso es natural. Los niños sin latinoamericanos en su clase (Tipo 1) raramente eligieron la foto de un niño latinoamericano, aproximadamente un 10%. Los del grupo Tipo 2, que solo daban clase en inglés con algunos niños latinoamericanos, tenían una percepción positiva ligeramente superior, entre el 12 y el 13% de los casos. Sin embargo, en el caso de los niños anglohablantes que aprendían español (Tipo 3) el porcentaje de los que eligieron niños latinoamericanos con características positivas subió al 40%. En consecuencia, el hecho de compartir idioma jugaba un papel importante a la hora de que los niños identificaron positivamente a niños de otros grupos étnicos.

Así como la experiencia de cambiar continuamente de un idioma a otro entre los idiomas varias veces al día es un potente ejercicio mental para el cerebro de los niños, esa misma experiencia supone un poderoso ejercicio cultural. Desarrolla en el niño la capacidad empática y de entendimiento de otras culturas.

Idiomas en peligro de extinción

Evidentemente, las familias hacen lo que consideran mejor para sus hijos. Si los objetivos para el niño y para la comunidad son contrapuestos, lo natural es que los padres elijan el camino que beneficia al niño. Sin embargo, educar al niño de forma bilingüe unifica los objetivos de la familia y de la comunidad. Transmitir en el hogar un idioma en peligro a la próxima generación es el factor más importante para que una lengua sobreviva. Sin una educación bilingüe, muchos idiomas minoritarios y en peligro no podrán sobrevivir. De modo que aquí nos encontramos ante un caso en el que los padres, al conservar en el hogar su lengua heredada y al hablarla con sus familiares y amigos, contribuyen a la preservación de ese idioma en su comunidad.

Conservar la diversidad lingüística

En el mundo hay gran cantidad de idiomas que necesitan apoyo para poder subsistir. Sin embargo, solo en un puñado de casos se han tomado medidas a tiempo. Gales, una nación del Reino Unido con dos millones y medio de habitantes, es el mejor ejemplo de ello. En una economía global, el idioma galés, como otras lenguas locales, tiene un valor práctico más reducido que el otro idioma oficial del país, el inglés. No sorprende que el uso del galés se redujera drásticamente entre 1901 y 1981, año en el que los ciudadanos y políticos comenzaron a temer que pudieran perder su identidad nacional y su cultura. Entonces crearon el Welsh Language Board (algo así como el Comité para el idioma galés). Desde 1980, e incluso algo antes, los activistas han intentado recuperar el uso del galés. Teniendo en cuenta que el inglés es un idioma tan dominante, apenas hay hablantes monolingües de galés, pero su objetivo es que hay cada vez más bilingües.

Muchos de los esfuerzos del Welsh Language Board se encaminan a intentar que los niños aprendan galés en el colegio y en el hogar. Para ello destinan recursos económicos y apoyo a los padres y escuelas. La reforma educativa de 1988 obliga a estudiar la educación primaria en galés. Por fin en el censo de 2001 el número de hablantes de galés, en vez de descender, creció ligeramente.

De las dos instituciones, el hogar y el colegio, el hogar se considera más importante. Los colegios apoyan los esfuerzos de los padres, pero por sí mismos no pueden conseguir que un idioma sobreviva. La familia podría hacerlo sin la ayuda del colegio, pero el resultado es mejor cuando la escuela refuerza el papel de los padres. Las escuelas pueden ofrecer un grupo de compañeros hablantes del idioma y más recursos para la alfabetización, además de otorgar a la lengua minoritaria un estatus más elevado en el contexto de la comunidad. El futuro del galés no está asegurado, pero Gales y su programa en favor de su lengua son un ejemplo para otros países.

En España también existen instituciones y organizaciones que velan por las lenguas regionales del país. El Institut d'Estudis Catalans, en Cataluña, la Real Academia de la Lengua Vasca (Euskaltzaindia), en el País

Vasco, el Instituto da Lingua Galega, en Galicia, la Academia Valenciana de la Llengua, en la Comunidad de Valencia, y la Academia de la Llingua Asturiana, en el Principado de Asturias trabajan junto con los gobiernos autonómicos para mantener y promocionar sus respectivas lenguas.

¿POR QUÉ NO TENER UNA SOLA LENGUA GLOBAL?

Puede que te plantees si conservar las lenguas locales es importante, o necesario, para la supervivencia de la raza humana. Después de todo, ¿no sería más cómodo regresar a un tiempo anterior a la Torre de Babel, cuando se supone que todos hablaban la misma lengua? En tiempos más recientes ha habido varios intentos de crear un idioma universal que sirviera de instrumento para lograr la paz. Quizá hayas oído hablar del esperanto, que sigue activo con al menos doscientos mil hablantes. Sin embargo, no es fácil que el esperanto supere a otros idiomas más potentes, como el inglés o el chino. En la actualidad, el inglés es hablado por una cuarta parte de la población mundial como primera o segunda lengua. Aparentemente crece de forma natural y gracias al impulso de las fuerzas económicas, sin necesidad de políticas oficiales que lo promocionen. ¿Por qué íbamos a querer ralentizar su difusión?

Una razón podría ser que las lenguas locales son más útiles para tratar problemas locales. Puede que alguna vez hayas oído hablar de la cantidad de palabras diferentes que los esquimales tienen para la «nieve», muchas más de las que nosotros poseemos, pues necesitan poder dar información detallada y con matices mucho más a menudo que nosotros. Lo mismo ocurre en otros idiomas con las palabras para describir las relaciones sociales en una cultura determinada. Por ejemplo, puede que un hablante chino encuentre extraño que en inglés no haya una palabra para describir el vínculo entre un tío tuyo por parte de la madre y uno por parte del padre. Eva Hoffman describe cómo las palabras polacas para describir la amistad con las que viajó a Canadá de adolescente no servían para nombrar a sus amigos canadienses. Es imposible pensar en un idioma que encaje en todas las sociedades. Sucede lo mismo con la ropa, generalmente «una talla única» no le sirve a nadie.

Los idiomas expresan la sabiduría de las culturas. Como hemos visto anteriormente, nuestra lengua tiende a dar forma a la manera en que percibimos objetos y acontecimientos. Las percepciones impuestas por el idioma no tienen por qué limitarnos, puesto que el contacto con otro idioma puede cambiar esas percepciones. Los bilingües han derribado los límites de una visión del mundo única y se han demostrado a sí mismos que tienen una mente más flexible y resuelven mejor los problemas que se les plantean. Si solo existiera un idioma y una visión del mundo, tendríamos menos recursos para adaptarnos cuando las condiciones cambian, una característica necesaria para la «supervivencia del más fuerte». La raza humana necesita visiones del mundo diversas sobre qué significa ser humano y cómo deberíamos vivir.

En cualquier caso, está claro que no son las diferencias lingüísticas las que impiden la paz mundial. Inglaterra y Estados Unidos, por ejemplo, han sido descritos como «dos países separados por un idioma común». Por desgracia, hay centenares de casos de países destrozados por una guerra civil, con hablantes de la misma lengua a ambos lados del campo de batalla. Asimismo, las investigaciones también muestran que los países con varios idiomas no son en ningún caso más violentos que aquellos con solo uno.

Resumen

Como lingüista soy consciente de que la diversidad lingüística se reduce cada año. Los niños bilingües, aquellos que aprenden un segundo idioma desde pequeños y lo conocen lo suficientemente bien como para pasarlo a la siguiente generación, son nuestro activo más valioso en la lucha para salvar las lenguas en peligro de extinción y las culturas que encarnan.

La diversidad lingüística, en abstracto y planificada, como ocurre en Gales, no serán por sí mismas razón suficiente para que muchas personas asuman el reto de crear una familia bilingüe. Sin embargo, confiamos en que reconocer sus beneficios refuerce el deseo de algunos de crear familias bilingües y les ayude a seguir adelante, e incluso a encontrar algún apoyo externo como ocurre en Gales. Si no, sin una sólida creencia en lo acertado de su decisión, muchos padres sucumben ante la presión de la mayoría, o de la lengua predominante en la región.

Hemos expuesto algunas buenas razones por las que llevar a cabo lo que muchos padres ya hacen: hablar con sus hijos el idioma de sus padres y abuelos y recrear para ellos las gratificantes experiencias multiculturales de su propia juventud.

Capítulo 2

Aprender una primera lengua

En este capítulo analizaremos los aspectos que conciernen al aprendizaje de la primera lengua, es decir, a las herramientas con las que cuentan los niños para llevar a cabo esta tarea (con cuáles nacen y cuáles tienen que adquirir después de nacer). En primer lugar veremos lo difícil que resulta para cualquiera, y no digamos para un bebé, aprender algo tan complejo como una lengua. Posteriormente os mostraré cómo lo hacen los niños y de qué manera podéis ayudarles. Además, hemos elaborado un calendario con las etapas más importantes del proceso y, al final del capítulo, aparece un listado con doce maneras bien documentadas para mejorar el desarrollo del lenguaje de tu hijo, tanto si es para un idioma como para cinco.

Los consejos de este capítulo son doblemente valiosos para los padres de niños que están aprendiendo dos o más lenguas, pues rigen los mismos principios para aprender cualquier lengua o combinación de idiomas. Los padres no enseñan a sus hijos los conceptos básicos del idioma, pero los niños se valen de sus habilidades innatas para «descifrar el código» y empezar a aprender palabras y gramática. Una vez que los bebés comienzan, los padres interactúan con ellos para asegurarse de que sus hijos tienen las experiencias lingüísticas necesarias. Con la ayuda de los padres, los niños aprenden a hablar del modo en el que la cultura en la que viven espera de ellos.

Los niños necesitan lo que les proporciona la naturaleza, además de lo que les proporciona su entorno. Una no puede hacer nada sin la otra, y viceversa. Este capítulo intenta arrojar algo de luz sobre ciertos aspectos del aprendizaje de una lengua que, a menudo, se dan por supuestos.

Cómo aprenden un idioma los niños

Los padres no enseñan a sus hijos el idioma, pero los entrenan mientras lo aprenden. No hace demasiado tiempo, algunos psicólogos afirmaban que el lenguaje era un comportamiento como cualquier otro. Según ellos, para enseñar una lengua a un niño se podía utilizar el mismo tipo de entrenamiento que el usado para que un ratón aprenda a pulsar un botón para obtener comida. Aseguraban que solo había que reducir el comportamiento a mínimos pedazos y, entonces, premiar al niño por imitar ese comportamiento. Sin embargo, como veremos, el entrenamiento psicológico con premio no resulta de ninguna ayuda para que el bebé aprenda las partes más importantes del lenguaje, puesto que los niños no se limitan a imitar lo que oyen.

Lo que los niños oyen no es lo que dicen. El lenguaje de un niño no se corresponde con el de un adulto, sino que difiere sistemáticamente. Incluso la combinación más temprana de dos palabras del niño no son simplemente palabras ininteligibles, como «hombre, hombre, perro, no», sino que indican relaciones y estructuras concretas («mira mamá», «perro aquí»).

Según las teorías más recientes, los padres no enseñan una lengua sus hijos, como tampoco se enseña a una semilla a convertirse en flor. Aprender a hablar «sucede», como sucede el caminar entre los diez y los veinte meses, cuando se han desarrollado los músculos y los nervios necesarios y el niño ha practicado en un entorno seguro y de apoyo. Los padres no entrenan músculos y nervios específicos, pero le ponen objetivos al niño para que se mueva hacia ellos y facilitan un hogar seguro en el que el niño puede dar sus primeros pasos cuando está preparado para ello. Los niños nacen con lo necesario para aprender a caminar. Del mismo modo, los niños traen incorporada una mente capaz de descubrir el lenguaje, y los padres proporcionan al niño las frases, canciones y cuentos que necesita para descubrirlo.

La máquina de aprender más poderosa del universo

Los niños pequeños, que necesitan ayuda para casi todo, son maestros a la ahora de aprender idiomas. Aprenden una lengua incluso antes de poder jugar al escondite. ¿Hay alguna otra cosa que haga un niño tan difícil como aprender a hablar? La coordinación física necesaria para mover la lengua y los labios y respirar de forma coordinada es más difícil que hacer juegos malabares y acrobacias. Escuchar y hablar requiere más memoria y discernimiento que cualquier otra tarea que haga un niño.

Afortunadamente, los niños tienen un talento especial para los idiomas, y vienen equipados con las herramientas necesarias para aprender las habilidades lingüísticas que necesitan. Antes de cumplir dos años, los niños utilizan estadísticas y principios lógicos para descubrir el sistema en el que les hablamos.

Para poder explicar el increíble talento de los niños para los idiomas, los científicos inventaron el concepto Dispositivo de Adquisición del Lenguaje (DAL) —en inglés, Language Acquisition Device (LAD)—, con el que nacen los niños. El DAL no es una máquina, sino más bien como una caja negra de la que no podemos ver su interior. Al comparar lo que los niños oyen y lo que, posteriormente, dicen, los científicos intentan descifrar las operaciones que han debido suceder entre los dos momentos.

Sin embargo, el DAL no puede explicar todo el proceso. Los niños también nacen en familias, que son exactamente el sistema adecuado para fomentar el desarrollo del lenguaje. El Sistema de Apoyo de Adquisición del Lenguaje (SAAL) —en inglés, Language Acquisition Support System (LASS)— describe la crianza tradicional encontrada en familias de todo el mundo. Los padres enseñan a los niños en una atmósfera cariñosa cómo responder y corresponder. El DAL representa lo que da la naturaleza, mientras que el SAAL representa lo que proporcionan el entorno y los padres y tutores. Con estos dos «ayudantes», los bebés de cualquier lugar aprenden a hablar uno de los seis mil, o más, idiomas diferentes que existen en el mundo. Todos los aprenden más o menos en los mismos tiempos y de una manera muy parecida.

Los dos caminos del bebé hacia el lenguaje y la comunicación

Tu hijo realiza dos trayectos al mismo tiempo hacia el lenguaje. Por otra parte, construye su gramática bloque a bloque desde el suelo. Además, analiza los sonidos que lo rodean para identificar los que se usan para hablar. Una vez hecho esto, realiza las siguientes combinaciones:

— Los sonidos del habla para crear sílabas.
— Sus sílabas para hacer palabras.
— Sus palabras para crear frases.
— Y finalmente, sus frases para crear relatos.

Sin embargo, al mismo tiempo está trabajando de arriba abajo, al establecer una conexión con sus sentimientos e intuiciones, es decir, descifra lo que le transmites gracias a tu tono de voz y a lo que haces. Le costará unos años «construir» una gramática funcional para crear frases que puedas entender, pero tu bebé empieza a comunicarse contigo antes de contar con las palabras y las frases para hacerlo.

Utilizar las emociones para aprender

Tu hijo oye tus susurros y tus canciones de cuna, los conecta con la agradable sensación que lo envuelve y piensa: «Creo que estas personas me están diciendo que les gusto y que van a cuidarme». Ese es el único mensaje que necesita entender hasta que empiece a moverse por su cuenta. Entonces, por lo menos de vez en cuando, también necesitará que de tus labios salga algún que otro «no».

El niño presta atención cuando hablas, así puede empezar a utilizar su «turno» y responder a tus ruidos con sus propios ruidos. Sin embargo, nadie espera de él mucho «lenguaje». Sus prioridades son comer y dormir. Si no domina esas dos, hablar no importa. Antes de los seis meses puede llorar (que sirve para comunicar, aunque sin palabras) y balbucear un poco. Entonces comienza a trabajar en sus sonrisas, porque es importante darte algún tipo de respuesta antes de que pueda decirte cuánto te quiere y te necesita. En los primeros cinco meses, lo hará bien si simplemente puede respirar y mover sus cuerdas vocales para realizar algún sonido de vocales (diferentes tipos de «aaa» y «uuu»). Más tarde ya se preocupará de cómo conjuntar sus labios y su lengua para crear los sonidos necesarios para las palabras, para que con el tiempo pueda decirte qué está pensando.

En los primeros meses, tu bebé también consigue importantes progresos en su entendimiento sobre el habla: se gira hacia quien habla y comienza a emplear su turno. Mira tus ojos y poco a poco aprende a mirar donde miras, por lo que más adelante podrá dirigir su mirada hacia donde señales. Si tu bebé no llora y te «habla» en la lengua de los balbuceos, su contribución al juego cuenta como su primer acto de comunicación intencionado. No existe un reflejo innato para decir «goo» cuando tú dices «goo». No tenía que contestar, pero lo hizo, y además en el momento justo.

Construir una gramática de abajo arriba

Para cuando nazca, tu hijo habrá estado escuchando tus conversaciones durante un par de meses, desde que sus orejas comenzaron a funcionar en el útero, entre las semanas veinticinco y treinta. Ya sabe qué música te gusta. No sabe qué has estado diciendo, pero sabemos que reconoce tu voz y la cadencia de tus palabras. Una vez que nazca será cuando realmente despegue su aprendizaje del idioma. Empieza su aprendizaje desde la base de la torre. Se concentra en descifrar el código del sistema de sonidos. Esa es su prioridad porque, hasta no conseguirlo, no será capaz de desentrañar las palabras concretas que estás diciendo. Le queda una tarea complicada por delante. Imagina que estás en una ruidosa fiesta, en la que apenas puedes oír a la persona que está frente a ti. De pronto, oyes tu nombre al otro lado de la habitación. En el barullo, tu oído capta un sonido «familiar». Tu oreja tiene una poderosa imagen mental de tu nombre, pues lo ha oído una y otra vez, y puede distinguirlo aunque no pueda oír otras cosas. Este ejemplo de la fiesta ilustra la necesidad del niño no de oír más ruido, sino de ser capaz de distinguir las señales adecuadas en un ambiente saturado de posibles mensajes. Al tener algo construido de antemano en tu cabeza, cuando recibes las señales puedes discernirlas entre el ruido e interpretarlas.

El objetivo del bebé consiste en encontrar las palabras en el flujo del habla que lo rodea. Pero ¿cómo lo hará? Las palabras no solo empiezan y terminan. Podríamos decir una palabra cada vez, pero no es lo que hacemos normalmente. «Bebé». «Dormir». «Ahora». Las aplastamos juntas: «tasechopis» («te has hecho pis»). Los adultos somos lectores, así que tenemos una idea de lo que es una palabra. Las escribimos y dejamos un espacio en blanco entre ellas. Tu bebé debe encontrar las palabras en el trepidante flujo de sonidos mucho antes de aprender a leer, por lo que tiene que encontrar un método alternativo para encontrarlas. Primero busca los sonidos, para poder construir sílabas y, por último, con ellas, palabras.

EMPEZAR CON LOS SONIDOS

Al principio, tu bebé puede oír gran cantidad de sonidos diferentes, seguramente más que tú, pero no tiene ni idea de cuáles son importantes para el idioma (o idiomas) que está aprendiendo. Por suerte, los bebés vienen equipados con un analizador estadístico porque tienen mucho que analizar. Aprender los sonidos de una lengua es aprender qué no hay que escuchar. Hacia el final de su primer año, el bebé habrá oído muchos sonidos que van y vienen y habrá descifrado cuáles son los cuarenta o cincuenta sonidos más repetidos. Por tanto, se centrará más en esos, y creará en su mente imágenes de ellos para guiar su comprensión.

El oído humano puede distinguir más sonidos de los que probablemente puede procesar al hablar. De modo que cada idioma trocea las ondas de sonido en piezas más manejables, y así reduce las posibilidades a un número más reducido de sonidos contrapuestos. Estos sonidos contrapuestos los utilizamos para transmitir los distintos significados, pues necesitamos poder distinguir. En español existen aproximadamente treinta categorías de sonido, pero las lenguas joisanas, en África, cuentan con más de cien. El inglés usa un sistema de unas cuarenta categorías, escasamente las letras del abecedario, más algunas variaciones.

Un ingenioso experimento llevado a cabo con bebés de unos cinco meses de edad ha demostrado que los bebés aprenden su propio idioma al aprender a no responder a los sonidos contrapuestos que existen en otras lenguas, pero no en la suya. Por ejemplo, en la India, los hablantes de hindi, utilizan dos tipos de «d» (mientras que el español y el inglés solo cuentan con uno). Con seis meses, los niños que están aprendiendo cualquiera de los tres idiomas pueden distinguir las dos «d» del hindi. A los doce meses, los niños que aprenden hindi aún pueden diferenciarlas. Para ellos, esto es de suma importancia porque necesitan poder oír el contraste entre distintas palabras (como para nosotros lo es diferenciar entre «celo» y «pelo»). Sin embargo, con doce meses, los bebés que aprenden español (y los de inglés) ya no perciben la diferencia entre las «d» porque solamente necesitan una, es decir, han aprendido a ignorar las diferencias entre las dos «d» del hindi. A cambio, ahora están más preparados para captar tu «d» cuando te oigan decirla. En el capítulo 7 veremos que los bebés bilingües también descifran, a esas mismas edades, las categorías de sonido que necesitan, pero lo hacen en dos lenguas.

De los sonidos a las sílabas

Más o menos al tiempo que se afina la capacidad auditiva de tu bebé para captar con precisión los detalles de tu idioma, su balbuceo se vuelve más potente. Esto indica que tiene un mayor control sobre su respiración y es capaz de hacerlo al ritmo de las palabras y las frases. De hecho, está empezando a controlar cuándo y cómo cerrar diferentes partes de su boca con su lengua y sus labios.

Es entonces cuando empiezas a oír sonidos alternos como «ba» y «da», o «baba» y «dadada». Lo que está haciendo es recrear los sonidos y las sílabas que podría utilizar para cualquier idioma. Sin embargo, pronto empieza a concentrarse en los que corresponden al idioma (o idiomas) que utilizas, es decir, presta menos atención a los sonidos que no necesitará, y pronto dejará de practicarlos.

Tu bebé lleva a cabo este proceso casi completamente por su cuenta, pero como padre puedes ayudarle si le hablas de esa manera especial que tienen los padres de todo el mundo de hablar con los más pequeños.

Muchas veces lo hacemos sin darnos cuenta, y no deberías sentirte incómodo al hacerlo, pues los adultos de casi todas las culturas utilizan esta forma de hablar con los bebés. Incluso los niños lo usan con sus hermanos más pequeños. Para el bebé resulta de gran ayuda que pongas la palabra más importante al final de la frase y la digas un poco más alto. Una vez que entiende que «ga-» y «-to» van juntas y que «gato» es algo a lo que debe prestar atención, crea una imagen mental de las dos sílabas unidas y puede buscarla en medio de una frase, o en una fiesta ruidosa. Pronto comenzará a aprender palabras, y asociará el sonido de «gato» con esa cosa peluda con cola que le gusta intentar atrapar. Sin embargo, por el momento, son solo sonidos. Las combinaciones de sílabas no serán palabras hasta que no pueda darles sentido.

De sílabas a palabras

Es posible que el sonido de las primeras palabras de tu bebé te parezca una palabra, pero puede que para él sea «el ruido que hago cuando me toca participar». Por ejemplo, si estáis jugando con un tren y tú dices «chu-chu», después, en la misma situación con el mismo juego, tu hijo dirá «chu-chu». Puedes creer que eso es su palabra para «tren», pero tal vez solo lo sepa con ese juego, y no en un libro o en una estación de tren, por lo que aún no es una verdadera palabra.

En el momento en que tu hijo esté preparado para aprender los nombres de las cosas, será cuando realmente utilice las habilidades que practicaste con él previamente en vuestras «conversaciones». Ya no le bastará con asociar un sonido con la primera cosa que vea al oírlo. Imagina que dices «fuera» cada vez que ves un perro. Esto no quiere decir que se le llame «fuera», o que el nombre del perro sea Fuera. Tu hijo debe ser capaz de distinguir cuándo «fuera» es un nombre y cuándo no. Además, tu hijo no solo está aprendiendo el nombre de cosas específicas, como que el nombre de tu perro es Pluto. En cierto modo se parece más a aprender que el nombre de tu coche es «un Ford». Hay muchas cosas llamadas «Fords». Al igual que los perros, existen coches Ford en una variada gama de formas y tamaños. Qué los hace a todos ellos Fords o perros es algo que hijo no puede discernir simplemente por su apariencia.

Los niños no saben automáticamente cómo de parecido tiene que ser algo para poder darle el mismo nombre, así que puede que hayas oído a algún niño llamar «perrito» a un caballo o a una vaca, porque estos animales tienen cuatro patas y pelo. O puede que el niño señale con el dedo la luna y exclame «¡Galleta!». Si no entiende que «Papi» es un nombre únicamente para su padre, puede que paséis un apuro si llama «Papá» al repartidor de *pizza*. Los niños también pueden tener el problema contrario, es decir, puede que aprendan la palabra «zapatos» cuando les muestres sus deportivas, pero tal vez solo la usen para sus propias deportivas, y no para otro tipo de zapatos.

Utilizar palabras para aprender otras palabras

Los nombres de los objetos son bastante difíciles, pero podemos aprender muchos de ellos con la ayuda de imágenes o señalando con el dedo. Sin embargo, señalar con el dedo no será de mucha ayuda a la hora de aprender a nombrar las acciones. Incluso los adultos tienen dificultades para entender el significado de una palabra referida a una acción en una foto o en un vídeo, si no la oyen en una frase que les facilite su comprensión. Imagina esta situación: ves a Epi con un cinturón largo alrededor de la cintura en un taburete giratorio, al tiempo que Blas tira del cinturón para hacer que Epi gire. Si dices: «Mira, gorpea», podemos encontrar varios significados para «gorpea», pero será imposible escoger el adecuado. Sin embargo, si dices: «Mira, Blas gorpea», se entenderá que gorpea se refiere a los giros. En cambio, si dices: «Mira, Epi gorpea a Blas», entonces gorpear se referirá a algo relacionado con tirar del cinturón o con hacer que alguien gire. Cuando oyes la palabra referida a la acción en una frase, puedes tratar de averiguar el significado correcto. Si la oyes en varias frases diferentes, podrás descifrar el significado mucho mejor.

También los perros pueden aprender sus propios nombres y los nombres de objetos que los atraen, como «galleta» o «pelota». En ese punto es donde comienza el aprendizaje de palabras de tu bebé, pero él va mucho más allá. A diferencia de tu perro, lo que tu hijo aprende no tiene que ser algo que vea, sino que es capaz de usar otras palabras para aprender nombres de palabras abstractas o imaginarias, como «sueños», o «fantasmas». A partir de ahí puede aprender cualquier cosa.

Más allá de las palabras sueltas: construir frases

El recorrido hasta llegar a las palabras es impresionante, por lo que no es sorprendente que un niño tarde en realizarlo uno o dos años, aunque como apunté antes, lo cierto es que los animales también llegan hasta este punto. Las mascotas aprenden sus nombres y los nombres de los objetos que son especiales para ellos. Hay monos a los que se ha entrenado para distinguir cientos de palabras y para que las expresasen haciendo señas con las manos o con fichas de plástico. Las palabras son de mucha ayuda, pero normalmente no decimos solamente una palabra. Para empezar a tener sentido, tu bebé debe empezar a construir frases.

Hacia los dieciocho meses, una vez que tu hijo cuenta con un almacén suficiente de palabras, unas cincuenta, empieza a juntarlas, y así crea palabras más largas, como «durmiendo», o las sitúa en una frase, como «zapato mami». Esto sugiere que está trabajando en la construcción de frases y en su significado. Sin embargo, las frases simples, como las que estás leyendo ahora, conforman un sistema mucho más complejo que cualquier otra cosa que aprendamos. Gracias al influyente lingüista Noam Chomsky sabemos que el conjunto de frases de cualquier idioma es infinito. Es imposible aprenderse cada una de las frases de un idioma, y las frases son en sí mismas infinitas debido a las especiales características de sus reglas. Una frase puede contener una frase, que puede contener una frase que puede contener una frase, y así hasta que nos quedemos sin aire o nos aburramos. Sucede que no hablamos con frases infinitas porque nuestra memoria no es lo suficientemente buena como para seguir el desarrollo de una frase muy larga, para saber hacia dónde va, o de dónde viene, pero entender una lengua significa que, si nos la encontrásemos, seríamos capaces de procesar una frase cuasi infinita.

Aprender un número infinito de infinitas frases

Veamos, ¿cómo haces para aprenderte las frases de tu idioma? Desde luego, no te las aprendes de una en una, ni las memorizas como si fueran los nombres de las plantas. Y requiere mucho más que simplemente repetir lo que oyes. Sí, es cierto, hay bastante repetición y memorización. Por ejemplo, te aprendes las excepciones a la regla, como decir «anduve» en vez de «andé», una a una por haberlas oído o visto. Por contra, aprender frases es un poco como las tablas de multiplicar en matemáticas. Cuando te aprendes las tablas de multiplicar, al principio, puede que simplemente memorices todas las combinaciones: 6 x 7, 42; 6 x 8, 48, etc. Memorizar es una buena opción para los números hasta el 12, y probablemente resulta más fácil que aprender cómo funciona el sistema. Sin embargo, memorizando no puedes llegar mucho más lejos. En algún momento tendrás que aprender el proceso de cómo multiplicar. Ocurre lo mismo con la gramática: en vez de aprender todas las frases, aprendes cómo construirlas. Comienzas con frases hechas, del tipo «¿qué es eso?», o «déjame ver». Poco después necesitarás tus propias frases, no las de cualquier otro.

Antes de poder construir sus propias frases, tu bebé tiene que descubrir el proceso de construir todas las frases que lleva a cabo la gente a su alrededor. Primero, simplemente oyéndolas, debe conocer la estructura oculta de las frases. Esa estructura oculta junto con las reglas para interpretar las estructuras compone la «gramática». Las reglas de la gramática te dicen cómo se acoplan las palabras y qué pueden significar.

Más sobre gramática

Cuando la mayoría de la gente oye la palabra «gramática», piensa en sus profesores de la escuela y en reglas como «no digas "dormo", di "duermo"». Esas reglas, que nos ayudan a «parecer educados», pueden ser útiles, pero no suponen la verdadera gramática. La gramática te dice qué es una frase en tu lengua y cómo darle sentido. La gramática te cuenta las relaciones entre las palabras. Según la gramática española, «Voy a la escuela» es una frase en español; «Escuela voy la a» no lo es.

Imagina que, en presencia de un perro, tu bebé te mira y dice: «Ladrar perro». En realidad, no te ha dado ninguna pista para que puedas interpretar la relación entre las palabras. Si el perro está ladrando, puedes interpretar el «ladrar perro» como una descripción de lo que está pasando. Si el niño te está mirando y el perro está callado, puedes tomarlo como un comentario sobre lo que es típico de un perro. Si el niño está mirando al perro, puede ser una orden para que el perro ladre. Como una declaración fuera de la gramática, la frase es simplemente una cadena de palabras, y tú, el oyente usuario del idioma, intentas relacionarla con una de las estructuras parecidas que conoces y que encaje en el contexto. Sin embargo, cuando el niño empieza a conocer las reglas, puede decir: «Ladran perros», o «Este perro está ladrando», o «Perro, por favor, ladra». El orden de las palabras y las pequeñas «muestras gramaticales» en palabras complejas (como la «s» en «perro*s*», o el «ndo» de ladra*ndo*»), implica que ahora el niño te está mostrando cómo interpretar lo que te está diciendo.

Además, tu hijo puede decir una frase totalmente nueva, como por ejemplo: «Soñé que el perro ponía *pizza* en la copa del árbol». La capacidad de construir y entender nuevas frases es lo que necesitas para hablar de verdad. Hasta que tu hijo cree sus propias frases, no estará hablando un idioma. De manera que si bien la gramática solo es una pieza en el engranaje de una lengua, es una pieza fundamental. Sin ella no somos capaces de saber el significado de una cadena de palabras. Normalmente no podemos distinguir cómo se juntan las palabras para crear distintos significados, pero hay algo que sí puede. Por ejemplo, es probable que puedas decir los significados de esta frase con las dos posibles estructuras: «Me devolvió el bolígrafo gastado». Suenan exactamente igual, pero significan dos cosas distintas. Es decir, nos pueden devolver el bolígrafo después de desgastarlo, o nos pueden devolver uno de muchos bolígrafos, el que estaba gastado.

Cuando eres hablante de un idioma, puedes identificar qué va con qué incluso cuando no haya suficientes pistas para guiarte. No es posible ver las estructuras de la gramática, pero puedes sentir sus efectos. La estructura de una frase es como el esqueleto humano. Los huesos del esqueleto realizan la función de sostener las partes del cuerpo que podemos ver. Nuestros brazos y piernas no pueden funcionar sin algo que cumpla la función del hueso, pero a no ser que apliquemos rayos x o que se rompa y atraviese la piel, no podemos ver el hueso. Los bebés están descubriendo sus habilidades a la hora de crear reglas cuando dicen cosas como «ha rompido» o «anduve al parque». Nos enseñan que están utilizando su propia gramática y que no se limitan a repetir lo que les decimos. A los niños no se les han enseñado esas variantes, y probablemente tampoco las han oído. Para construirlas, tu hijo ha aplicado una regla que ha tenido que crear por sí mismo (verbo + ido = participio pasado). Al tiempo que está aprendiendo las excepciones a la regla («roto», en vez de «rompido»), podemos ver en acción su capacidad para crear reglas.

Una vez que tu hijo se sienta cómodo con las frases simples, enseguida sabrá cómo crear frases dentro de otras frases, para lograr frases más complejas; por ejemplo: «Me gusta Samuel» evoluciona a «¿Por qué me gusta Samuel?», o «Sabes que me gusta Samuel».

Curiosamente, algunos niños siguen un camino distinto para llegar a crear frases. Para empezar, se saltan el paso de la palabra y pasan directamente a las frases, y solo a posteriori las descomponen en palabras. Dicen «déjameverlo» antes de «deja» o «ver», y quizá digan «déjameverlo coche» antes de utilizar el verbo dejar a secas con otros objetos («ver perro», «ver muñeca», etc). Sin embargo, estos niños se ponen al día con las palabras como todos los demás y avanzan desde ese punto. Ese fue el caso de mi hijo. Al tomar un atajo, fue más lento que la media con las palabras (aunque en otras áreas del lenguaje iba por delante y resultó ser un estudiante brillante).

MEZCLAR FRASES PARA CREAR HISTORIAS

Después de crear frases, el gran reto es aprender a combinarlas, para poder construir frases todavía más largas y utilizar múltiples frases para conectar distintas partes de un relato. El problema son las conexiones, que facilitan que otros puedan seguir el discurso. Hacia los cinco años, los niños saben mucho de frases y empiezan a realizar enlaces comprensibles entre las frases para relatar sucesos o historias.

Tu hijo empieza a trabajar en las historias tan pronto como tú empiezas a contárselas. Sin embargo, no esperes un gran progreso a la hora de crear enlaces entre las frases hasta que no tenga cinco años aproximadamente. Su habilidad para mantener una conversación con varios cambios y giros, o para contar una historia en la que alguien, aparte de sus padres, sepa de qué va, seguramente no estará lo suficientemente desarrollada. Con tu ayuda, simplemente hablando con él y haciendo que te cuente muchas cosas, las frases de tu hijo pueden llegar a convertirse en relatos.

APRENDER DIFERENTES MANERAS DE UTILIZAR EL IDIOMA

Además de aprender a crear frases y, después, relatos, tu aprendiz de hablante también tiene que aprender las diferentes maneras en las que, según las circunstancias, tú y otras personas que conoce utilizáis el idioma. De hecho, es conveniente que sepa cómo hablar a su hermano, o a un profesor. Debe aprender a no preguntar en el supermercado por qué la señora que está delante de vosotros en la cola está tan gorda, y otras normas de cortesía que le evitarán (y a ti) meterse en problemas. Además, necesita aprender cuándo tiene que repetir lo que ha dicho, o quizá cambiar de idioma, si alguien no le ha oído bien, o no le ha entendido.

Una vez que tu hijo sabe cómo preguntar y lo hace para obtener información, también deberá aprender cuándo una pregunta no es una pregunta. Por ejemplo, si alguien pregunta: «¿Sabe qué hora es?», esa persona le está pidiendo que, si puede, le diga qué hora es. Responder «No, lo siento» es una opción válida, pero responder «Sí, lo sé» resulta un tanto extravagante. Por último, una de los usos que le resultará más difíciles a tu hijo será la ironía, o cualquier otro tipo de lenguaje no literal. Cuando ironizamos, queremos expresar lo contrario de lo que en realidad decimos, sin incluir ninguna pista, excepto tal vez algún indicio en la mirada, o en el tono de voz. Cuando dices: «Qué cochazo», el niño no tiene manera de distinguir si estás admirando el coche, o si lo que de verdad quieres decir es que está para el desguace.

A los niños bilingües se les entrena en estas habilidades desde bien temprano, porque aprenden a hablar con distintas personas de manera diferente, es decir, en otro idioma. Los patrones de su habla muestran que, incluso antes de los dos años de edad, distinguen el idioma de otros hablantes y, en general, entre los dos y los tres años, son capaces de distinguir quién habla qué lengua(s).

El calendario de aprendizaje de un idioma

Los hitos del desarrollo del lenguaje

Aunque admitamos lo difícil y abstracta que resulta para los niños la tarea de aprender un idioma, seguimos confiando en que, al hacerlo, cumplan los plazos. Los tres primeros años, en particular, están plagados de fechas previstas para las muchas y variadas habilidades implicadas. En el capítulo 7 veremos los descubrimientos científicos acerca del progreso de los niños si se comparan los resultados de bilingües y monolingües. Gran parte de este aprendizaje solo puede ser detectado con instrumentos especiales. A continuación, en la Tabla 1, se muestra una lista con las principales etapas que los padres deberían poder ver y oír por sí mismos. Hay dos columnas distintas, una se refiere a lo que entiende tu hijo cuando otros hablan (lo que se llama lenguaje receptivo), y la otra a lo que dice tu hijo (es decir, lengua hablada o expresión oral).

Todas las edades que se indican son aproximadas. Aunque se diga que el aprendizaje de una lengua es universal, cada niño «interpreta» los principios universales de manera ligeramente distinta. Resulta difícil evitar que compares a tu hijo con el hijo de tu prima, que aprendió a andar antes que el tuyo y se le entiende mejor al hablar. Sin embargo, no debes hacerlo. No se trata de una competición y, en cualquier caso, lo que ves del aprendizaje de tu hijo no es más que la punta del iceberg. Puede que un niño repita mucho y articule grupos de dos palabras de forma precoz, mientras que es posible que otro —igual de avanzado— llegue a decir dos palabras más tarde porque construye la gramática palabra a palabra, en lugar de depender de varios patrones fijos de expresión. Algunos niños usarán una forma, por ejemplo la «s» del plural, tan pronto como sean conscientes de ello, pero antes de conocer todos los detalles, por lo que es posible que oigas «relojs» o «colors», además de «bebés» y «casas». Puede que otro niño lo haga más tarde y, sin embargo, lo haga de forma correcta desde el principio.

(Dicho lo cual, si estás muy preocupado por el desarrollo de tu hijo, merece la pena que consultes con un especialista, o dos. En el capítulo 6 desarrollo las precauciones que deben tomar los padres de niños bilingües al elegir un experto).

Tabla 1. Etapas en el camino hacia el lenguaje

Edad	Lenguaje que tu hijo entiende («lenguaje receptivo»)	Lenguaje producido por tu hijo («expresión oral»)
Sonidos: 0–5 meses	Tu bebé empieza a reclamar sus turnos. Sigue tu mirada de lado a lado.	Tu bebé produce vocales y arrullos, y algún balbuceo a destiempo (como «b-uaaaa»). Sonríe, a veces para responder a alguien.
Sílabas: 6-9 meses	Tu bebé gira al oír su nombre y puede empezar a aprender «no». Mira hacia donde señalas (no simplemente al dedo).	Tu bebé empieza a crear verdaderas sílabas: «bababa», «dadada». Tu bebé empezará a soplar por los labios (lo que resulta especialmente divertido con la boca llena de comida).
Balbuceo y palabras; rutinas: 12 meses	Tu bebé empieza a reconocer palabras para las cosas que le interesan.	Oirás los sonidos más sencillos del lenguaje, como «ba» o «da», y de vez en cuando «f», pero no otros más difíciles, como «r». Tu bebé participa en «rutinas» como mover la mano para decir adiós o mientras canta *La manita*, pero no lleva la voz cantante. Algunos niños habrán empezado a decir unas cuantas palabras.

Palabras: 16-18 meses	La media de palabras que tu hijo entiende a los 16 meses: 140, con un rango de 50 a 350. La media de palabras que tu hija entiende a los 16 meses: 190, con un rango de 60 a 400.	Las primeras palabras llegan, de media, entre los 10 y los 18 meses. La media de vocabulario expresivo de tu hijo a los 18 meses: 75 palabras, con un rango de 13 a 420. Para las niñas, la media es de 112, con un rango de 17 a 475. Hasta pasados los 18 meses, no es preocupante si el niño no tiene ninguna palabra (o signos). Es más preocupante que a esa edad el niño no entienda ninguna palabra.
Frases de dos palabras: 24 meses	Tu hijo entiende la mayor parte de lo que se le dice, especialmente si hay mucha ayuda del contexto.	El logro más importante son las combinaciones de dos palabras («más galleta», «zapato mamá»). La media para expresiones de dos palabras son los 18 meses, o aproximadamente 50 palabras; casi todos los niños realizan combinaciones hacia los 26 meses.
Frases: 36 meses	Tu hijo entiende cada vez más cosas del lenguaje, incluso sin contexto. Empieza a entender más lenguaje referido a estados mentales, lo que otros piensan o sienten. Es capaz de seguir instrucciones complejas.	Tu hijo dice frases sencillas, sobre todo del presente más inmediato. Relata acontecimientos sencillos en pasado. Resulta bastante inteligible. Se toma cada vez turnos más largos en la conversación (aunque aún sigue «hablando en paralelo», es decir que habla al lado de una persona pero no necesariamente con dicha persona).

Frases complejas y conversación: 5 años	Tu hijo va por buen camino en lo que a entender y hablar «en el patio» se refiere. Sus habilidades básicas de comunicación interpersonal están bien afianzadas.	Tu hijo se desenvuelve muy bien con frases complejas. «No, no quiero eso porque es asqueroso», o «¿Por qué no puede venir Lucas a jugar con mis dinosaurios?». Solo un pequeño porcentaje de niños de cinco años tiene dificultades con la articulación, sobre todo con sonidos más difíciles como la «rr». A tu hijo se le empiezan a dar bien las conversaciones recíprocas.
Textos y lenguaje académico: 8 años	Tu hijo realiza progresos con el lenguaje académico, o abstracto. Probablemente ya entienda algunas alusiones indirectas y la ironía.	Tu hijo organiza su discurso para contar historias coherentes. Hacia los ocho años, tu hijo es capaz de contar un chiste del que la gente se ría de verdad.

Hacia los ocho años, tu hijo[1] se encuentra a medio camino entre el aprendiz y el maestro. Aún tiene mucho que aprender, especialmente al contar historias largas y al seguir giros complejos. Los libros le permitirán entrar en contacto con una gramática más compleja de la que normalmente oiga en el habla cotidiana, lo que le permitirá seguir aprendiendo cómo expresar ideas más complejas en distintos tipos de textos, u oralmente. Además, para otros niños más pequeños, probablemente se esté convirtiendo en una experta oradora.

---

[1] Hay que tener en cuenta que las cifras medias para las niñas son ligeramente superiores a las de los niños. Estas diferencias de género se reducen al llegar al colegio.

Cómo ayudar a tu hijo a aprender mejor: DAL y SAAL

Los logros de los bebés al aprender un idioma son impresionantes, tanto en lo que concierne a lo que ellos mismos incorporan a la tarea como en lo que toman de su entorno. ¿Cuánto de lo que aprenden se encuentra en sus genes desde su nacimiento y cuánto es facilitado por su entorno? ¿Cuánto supone el «DAL» y cuánto el «SAAL»?

Genética y entorno. ¿Qué nos dicen los gemelos?

Los estudios realizados a gemelos nos dan una cifra aproximada sobre la cantidad de las habilidades lingüísticas de un niño heredadas a través de sus genes y las moldeadas por su entorno. Con los años, la gente ha descubierto gemelos que fueron separados al nacer y criados por diferentes familias en ciudades distintas. Posteriormente, los científicos compararon los resultados lingüísticos entre los grupos de gemelos idénticos (que comparten el 100% de sus genes) y los mellizos (que tan solo comparten el 50%). Para ambos tipos de gemelos hubo parejas que habían sido criadas juntas, y otros que fueron criados por separado.

El hecho de ser criados juntos tiene gran importancia. Ambos tipos de gemelos obtienen resultados más parecidos cuando fueron criados juntos. Sin embargo, los gemelos criados por separado obtienen resultados más parecidos que los mellizos criados juntos. Basándose en estos resultados, los científicos creen que aproximadamente un 50% de la similitud procede de tener los mismos genes y otro 50% proviene del entorno.

Si el 50% del aprendizaje del lenguaje depende de con qué nazcan los niños, puede que haya ciertos factores que no podamos controlar, como la velocidad de transmisión de los nervios, o la capacidad de su memoria. Sin embargo, el 50% restante deja a padres y profesores un inmenso terreno sobre el que trabajar. El origen de las grandes diferencias en la manera en la que los niños aprenden el lenguaje hay que buscarlo en factores obvios del entorno del niño sobre los cuales tienes el control. En este caso, el entorno eres tú, es decir, la gente que le habla al niño.

Qué puedes hacer para ayudar a tu hijo a aprender un idioma

Las investigaciones demuestran que los padres influyen decisivamente en el desarrollo lingüístico de la primera lengua de sus hijos. A continuación vamos a reflejar los principios extraídos de estas investigaciones, que los padres pueden utilizar para ayudar al desarrollo lingüístico de sus hijos. Desde luego, no vamos a intentar matar de aburrimiento a nuestros hijos con lecciones sobre el habla, pero en el día a día hay cantidad de acciones que se pueden realizar para marcar la diferencia. Por ejemplo:

— La cantidad de tiempo que dedicamos a hablar con nuestro hijo influye decisivamente en la cantidad de cosas que aprende nuestro hijo.
— Escuchar atentamente a nuestro hijo lo anima a hablar.
— Dialogar con tu hijo te permite adaptar lo que dices a lo que entiende tu hijo.
— Los elogios abundantes animan a tu hijo. Demasiados comentarios negativos lo desaniman.
— No resulta efectivo corregir el habla de tu hijo de forma directa, pero sí que lo es hacerlo indirectamente.

En la Tabla 2 «Doce pasos», al final de este capítulo, se resumen los consejos, basados en los anteriores principios, que veremos a continuación.

Habla (mucho) con tu hijo

En el estado de Kansas, Estados Unidos, dos investigadores grabaron, una vez al mes, una hora cada vez, a cuarenta y dos niños de entre uno y tres años. Recogieron todo lo dicho por el niño, al niño y a otros niños o adultos que se encontraran en la casa en el momento de la grabación. Además de revisar con detenimiento las listas de palabras de cada niño y de cada tutor, los investigadores realizaron a los niños una prueba cuando tenían treinta y seis meses y, de nuevo, cuando contaban unos ocho años de edad. La mayor diferencia entre las familias la marcaba simplemente el total de palabras habladas al niño en una hora. Y esta diferencia resultaba tener una influencia fundamental en el desarrollo lingüístico del niño en ese momento y unos años más tarde. La media iba de seiscientas palabras, en el grupo más bajo, a dos mil cien palabras, en el más alto. En resumen, cuantas más palabras dichas a un niño en una hora, mejores resultados sacaba en las pruebas a los tres y a los ocho años.

La relación no era de uno a uno, es decir, cien palabras por hora dichas por un padre no se correspondían con tantas más palabras del niño, pero en conjunto el efecto era impresionante. Esta importante investigación demostró que, incluso seis años después, la influencia del aprendizaje temprano aún es patente (lo cual resulta digno de mención si tenemos en cuenta la gran cantidad de influencias que reciben los niños en seis años).

(Por cierto, los beneficios de que adultos hablen con niños también se extienden a la lengua de signos. Aprender la lengua de signos es beneficioso tanto para los niños que oyen como para los niños sordos con padres sordos. Para el desarrollo de su primera lengua, los niños necesitan que se comuniquen con ellos tan pronto como sea posible, y para este propósito la lengua de signos supone una herramienta excepcional).

Además, escucha a tu hijo

Sin embargo, no puedes hablar todo el tiempo. Tan importante como hablar resulta escuchar a tu hijo. La importancia de escuchar a los niños se demostró en una investigación que estudiaba de qué manera interactuaban los tutores con reducidos grupos de niños de preescolar tanto en una actividad formal como en una informal, como un proyecto artístico. El estudio cuantificó el tiempo que cada niño hablaba con cada adulto, y también lo complejo del discurso del niño en las diferentes situaciones. En general, los investigadores comprobaron que los niños hablaban más en la actividad informal, pero utilizaban un lenguaje más complejo en la formal. Los cuatro adultos, tres profesores y un padre, fueron consecuentes en ambas situaciones. Tanto en la actividad formal como en la informal, el profesor principal fue el que más habló a los niños, y el padre el que menos. Sin embargo, el profesor que influyó más en el mayor habla de los niños y en su discurso más complejo no fue el profesor principal, ni tampoco el padre. Este profesor fue el segundo adulto menos hablador.

Por lo tanto, parece haber una correlación. Si los adultos hablan demasiado, no dejan espacio para que hablen los niños. Al contrario, si hablan demasiado poco, no estimulan a los niños para que hablen. El tercer profesor parece haber dado en el clavo. Además se sirvió de preguntas abiertas para provocar respuestas más largas por parte de los niños: «¿cómo?», «¿por qué?» y «¿qué opinas?», en vez de «¿no»?, o «¿no es así?». Utilizó un refuerzo positivo y dejó más libertad a los niños para realizar la actividad y a la hora de comportarse.

Mantén un diálogo vivo con tu hijo cara a cara

El simple hecho de oír no sirve para estimular la alfabetización temprana (aunque puede ayudar en edades más avanzadas). Para que el aprendizaje sea realmente efectivo, resulta imprescindible interactuar con el niño. En el estudio mencionado anteriormente, el factor clave en el aumento del vocabulario del niño era el discurso dirigido al niño al interactuar con sus padres (estos investigadores también confirmaron que hablaban menos al niño hasta que el niño hablaba aproximadamente el mismo promedio a la hora de lo que lo hacían los padres).

La cantidad de palabras dirigidas a un niño no tienen en cuenta la televisión, o la radio. Según la American Academy of Pediatrics (Academia estadounidense de pediatría), para los niños menores de dos años se debería reducir al mínimo la cantidad de televisión. Diversos estudios muestran que, comparado con la interacción directa, los niños pequeños aprenden el idioma de la televisión con deficiencias, si es que aprenden algo. Un estudio enseñó a unos niños el vídeo de una persona hablando y esa misma persona hablándoles en persona. Los niños aprendieron mucho más de esa persona en su interacción directa que de esa misma persona en una pantalla. En el caso de los niños muy pequeños (menores de dos años), el simple hecho de tener la televisión encendida de fondo reduce la interacción padre-hijo más de un 20%, aunque ni los padres ni el niño la estén viendo.

Recientemente se han empezado a fabricar «libros que hablan», es decir que se leen ellos mismos a los niños. Aunque en principio parece una idea brillante, las investigaciones indican que no son demasiado beneficiosos. Los investigadores han comparado el contenido y la cantidad del discurso de una madre durante la lectura de uno de estos «libros que hablan» con la lectura de un libro cualquiera a su hijo. La cantidad no es muy diferente en cada una de las dos situaciones. Sin embargo, en la lectura del «libro que habla» la conversación se centró en aspectos del tipo: «No toques eso», «Presta atención», etc., mientras que el contenido de las conversaciones fue mucho más rico cuando leían un libro normal con sus padres.

El ritmo de las historias de la televisión y de los «libros que hablan» no es, en general, el ritmo de los niños. No puedes empezar y detenerte cuando es necesario, por lo que, comparadas con lo activa que resulta la lectura compartida, ver la televisión y escuchar se convierten en actividades pasivas.

¡Sé positivo!

En la investigación que reseñamos con anterioridad, la que estudió a cuarenta y dos niños durante tres años, otra diferencia sorprendente entre los niños con un cociente intelectual más alto y más bajo y los resultados en las pruebas lingüísticas fue la cantidad de elogios y asertos positivos por hora que recibían los niños. Puede que ya te hayas imaginado que los niños con mejores resultados eran aquellos que recibían más elogios de sus padres o tutores. Por contra, los niños con resultados más bajos recibían el doble de negaciones o prohibiciones: «No hagas eso», «Eres tonto». Una vez más, la diferencia en la experiencia temprana de los niños aún podía verse unos cuantos años más tarde (aunque es posible que también años después los niños con resultados más bajos continuaran rodeados del mismo entorno negativo).

Si corriges el habla de un niño, hazlo de forma indirecta, para que no sepa que le estás corrigiendo

Ciertamente, quieres que tu hijo tenga la sensación de que te importa lo que piensa. Hace años, el psicólogo infantil Hyam Ginott sugirió que hablásemos a nuestro hijo como lo haríamos con un amigo. Antes de criticar a un amigo, te lo pensarías dos veces o, por ejemplo, no le interrumpirías para corregirle un error gramatical en medio de una conversación. En definitiva, el tipo de respuesta que utilizas en tu relación con un amigo es también el más conveniente con los niños.

Sirve de más ayuda prestar más atención a qué dice el niño que a cómo lo dice. Es preferible que los padres opinen sobre lo que dice el niño, pues no ayuda en absoluto corregir abiertamente la gramática del niño. Resulta más eficaz «reformular» la frase del niño, o «darle la vuelta». Una reformulación eficaz corrige y desarrolla el error del niño sin aludir directamente al error. Por ejemplo, si tu hijo dice: «Ninguno de esto coches funciona», puedes desarrollarlo si contestas: «Vaya, ¿ninguno de esos coches funciona? Vamos a ver, ¿cómo podríamos hacer que funcionara alguno de ellos?». En primer lugar, el padre formula una estructura correcta. La otra acción que ha realizado el padre es devolver el turno de palabra al niño y darle pie en la conversación. A esto se le llama «darle la vuelta». El padre recoge las palabras del niño, las expande y se las devuelve con una clara directriz para indicar dónde puede continuar el niño, pero lo que no hace es que el niño, simplemente, «rellene la frase».

Ninguna reformulación «enseña» gramática directamente, pero impide que el error del niño pase inadvertido. Y lo que es más importante, anima al niño a seguir expresándose. Por tanto, lo que queremos es evitar centrarnos en cómo dice algo el niño, pues lo que queremos es reforzar sus intentos y animarlo a continuar con una comunicación real. En los capítulos 3 y 4 revisaremos un razonamiento similar para las respuestas de los padres ante los errores en las conversaciones bilingües.

El andamiaje lingüístico

Para crear textos, a diferencia de la gramática, no existe un misterioso DAL (Dispositivo de Adquisición del Lenguaje) que los niños traigan incorporado al nacer. Tu hijo es tu aprendiz, y guiado por ti aprenderá a base de intentarlo. Cada día, cuando hablas con tu hijo, y le ayudas a mejorar sus turnos de palabra, aumentas su habilidad para crear historias cada vez más largas y complejas, aunque aún son fáciles de seguir.

Los libros suponen una extraordinaria herramienta para propiciar el desarrollo lingüístico de los niños. Los padres que leen con sus hijos ven qué engancha su atención y qué no. Al realizar comentarios que relacionan los sucesos que acontecen en el libro con la propia experiencia del niño, contribuyes al aprendizaje del niño sobre los textos. Resulta de gran utilidad preguntar al niño qué cree que ocurrirá después, o por qué está sucediendo algo, o cómo se siente el protagonista. Además, leer cuentos entrena la imaginación del niño. Entablar conversaciones con él sobre lo que hicisteis juntos ayer, o haréis mañana en casa de la abuela, es el camino que seguirá para crear sus propias historias sobre cosas que no habéis vivido juntos.

Ayuda a tu hijo a contar historias

El hecho de que los niños aprendan a contar historias está directamente relacionado con las interacciones que tienen lugar entre el padre (o profesor) y el niño en los primeros intentos de hablar del niño. Aún recuerdo el primer «relato» de mi hija cuando tenía unos diecisiete meses. Habíamos estado en un lago donde había algunas personas divirtiéndose con pequeñas lanchas motoras. Una de esas embarcaciones cayó bocabajo y los participantes se rieron mucho, lo que llamó poderosamente la atención de mi hija. Esa noche se lo contamos entre las dos a su padre:

— Madre: «¿Y qué vimos hoy? ¿Había barcos muy rápidos?».
— Hija: «Brum, brum».
— Madre: «Sí, iban muy rápido. Y ¿qué pasó?».
— Hija: «Brum, brum».
— Madre: «¿Y después de eso? ¿Volcó y cayeron al agua?».
— Hija: (Sube y baja los brazos como si chocaran con el agua).
— Madre: «Sí, cayeron al agua».
— Hija: «Brum, brum».

En efecto, decir que la historia la contó mi hija es mucho decir. Sin embargo, para mí la clave está en que días después mi hija siguió dirigiéndose a mí con su par de palabras, y entonces volvíamos a repetir el relato hasta que se entretenía con alguna otra cosa.

Puedes crear historias más variadas cuando el niño es algo más mayor y tiene más vocabulario con el que contribuir. «Qué has hecho hoy en la escuela?». «Nada». «¿Quién fue?». «Joey». «¿Y qué has hecho con Joey?». «Jugar con aviones». «¿Y ha compartido su avión contigo?», etc. Antes de que te des cuenta, ese niño te dará cada vez más información por sí mismo. Como padre, una de las claves consiste en desarrollar lo que tu hijo comienza y ayudarle a alargar lo que le has transmitido. Para los niños es muy difícil aprender cómo realizar contribuciones relevantes acerca de lo sucedido. Por tanto, este es un sistema que los padres pueden utilizar para ir tejiendo una red de seguridad bajo los intentos del niño.

Paternidad en favor de la independencia

Es importante que tengamos siempre claro que nuestro objetivo consiste en que los niños sean capaces de desenvolverse por sí mismos. Sin embargo, antes de que puedan hacerlo, tenemos que ser cuidadosos a la hora de ofrecer nuestra ayuda (no se trata de hacer las cosas por el niño, sino de ayudarle a hacerlas). Para ilustrar este «andamiaje» comunicativo de los niños, podemos establecer una comparación con la manera en la que tu hijo y tú hacéis puzles. Primero empiezas con un puzle que tu hijo es capaz de hacer. Después de los puzles de una pieza, pasáis a los de cuatro a siete piezas. Hasta que el niño es capaz de hacerlo por sí mismo, tú le indicas dónde encaja una pieza, o le ayudas a girarla para que cuadre con el espacio correspondiente. Tras esto repetís con otro puzle de cuatro a siete piezas, hasta que el niño puede hacerlo solo. Ahora ya estáis preparados para uno de diez a dieciséis piezas, y repetís el proceso. El puzle para el desarrollo de los textos sigue el mismo patrón. Acompañas al niño, y le ayudas un poco más de lo que puede hacer por sí mismo, hasta que es capaz de hacerlo solo. Es entonces cuando subes el nivel. El psicólogo ruso Vygotsky describió esta técnica como «moverse en la zona de desarrollo próximo». Yo la denomino «paternidad en favor de la independencia». Antes de lo que piensas estarás escuchando embelesado lo que te cuenta tu hijo desde una perspectiva nueva que ni siquiera habías imaginado.

Las estrategias descritas anteriormente se encuentran sintetizadas a continuación en los doce pasos de la Tabla 2.

Tabla 2. Doce pasos para facilitar el desarrollo lingüístico

Paso 1: *En la conversación, trata a los niños como iguales*
Responde a las primeras vocalizaciones de los niños como si se tratase de turnos de palabra con pleno sentido (tú debes darles sentido). Atento a los intentos del niño. Tu tono debe parecer interesado y dar apoyo.

Paso 2: *Utiliza refuerzos positivos*
Usa frases de ánimo en vez de prohibiciones: «Me gusta cómo estás sentadito y en silencio», en vez de «Siéntate y no hables».

Paso 3: *Continúa con los temas introducidos por tu hijo*
La mejor manera de empezar una conversación es con algo que interese al niño (lo cual puedes deducir por el sitio al que mira, o qué te está mostrando).

Paso 4: *Nunca te rías de los intentos del niño por comunicarse*
Lo que quieres es reírte con el niño, pero nunca del niño, y mucho menos por la manera en la que dice algo, aunque pienses que es gracioso, o mono.

Paso 5: *No corrijas, en vez de eso reformula las palabras del niño*
Céntrate en qué dice el niño, no en cómo.

Paso 6: *Desarrolla lo que dice tu hijo*
La mejor manera de desarrollar el vocabulario del niño es reformulando o alargando lo que dice el niño. Por ejemplo, cuando dice: «Pelota», tú respondes: «¿Ves la pelota? Qué pelota azul tan bonita, ¿me la tiras?».

Paso 7: *Dale al niño la oportunidad de hablar*
Asegúrate de que hay un cierto equilibrio entre lo hablado y lo escuchado: una actitud paciente fomenta que el niño utilice su turno de palabra.

Paso 8: *Realiza preguntas abiertas*
«¿Qué hacía el caballo en el desfile?», o «¿Qué fue lo que más te gustó del desfile?», en vez de «¿Te gustó el desfile?».

Paso 9: *Proporciona el andamiaje para las historias de tu hijo*
Construye conjuntamente con él las historias, y luego contadlas juntos (varias veces).

Paso 10: *Utiliza los medios de comunicación eficientemente*
Si veis la televisión, vedla juntos. Lo mismo con los libros, aprovecha cada oportunidad para conversar.

Paso 11: *«Enseña» a través del juego*
Los niños aprenden mejor a través del juego (¡haz que se divierta!). Cuando quieras representar el papel del profesor, hazlo en pequeñas dosis.

Paso 12: *Combina el movimiento con el habla*
Cantar y hacer señas con los dedos son de gran ayuda. Bailes como el «Aserrín, aserrán» son divertidos e instructivos. Incorpora repeticiones y refranes.

CAPÍTULO 3

Aprender dos (o más) lenguas

Si bien aprender un idioma sería enormemente difícil si los bebés no vinieran equipados con una herramienta biológica especial para acometer esa tarea, aprender una segunda (o tercera) lengua no les resulta tan complicado. El lingüista David Crystal sugiere que el Dispositivo de Adquisición del Lenguaje (DAL), del que hablamos en el capítulo anterior, en realidad es un Dispositivo de Adquisición Multilingüe (DAM). Lo que sea que ayuda a los bebés a aprender su lengua materna, también les ayuda con la segunda (o tercera) lengua, si se cumplen estas dos premisas:

— Si aprenden la segunda lengua en el periodo durante el cual su cerebro está más abierto a aprender nuevos idiomas.
— Si en las actividades rutinarias de su vida diaria tienen interacciones útiles en más de una lengua.

El presente capítulo se centra en analizar cómo el aprendizaje de una segunda lengua es, a un tiempo, igual y distinto que el aprendizaje de la primera. Veremos diferentes maneras de convertirse en bilingüe, con especial atención a la diferencia entre aprender la segunda lengua al mismo tiempo que la primera (adquisición bilingüe simultánea) y aprender una segunda lengua durante la niñez, pero después de que la primera lengua esté firmemente asentada (adquisición temprana de una segunda lengua). Vamos a describir el momento en el que los cerebros de los niños son más receptivos para aprender una lengua, y nos preguntaremos si es mejor aprender un segundo idioma antes o después de los seis años. Asimismo, comentaremos cómo es posible que los niños puedan aprender dos idiomas tan fácilmente como solo uno y, al final del capítulo, ofreceremos algunos consejos y trucos para ayudar a los niños a conseguirlo. Estos trucos marcan el camino hacia el capítulo 4, donde examinaremos cómo preparar entornos lingüísticos adecuados para que los niños tengan la oportunidad de usar sus dos lenguas (o todas ellas).

¿Cuántos idiomas puede aprender una persona?

A mucha gente le fascina la cuestión de cuántos idiomas es capaz de aprender una persona. El lingüista Ken Hale, del MIT (Instituto Tecnológico de Massachusetts), podía hablar veinte idiomas, y se dice que Charles Berlitz, de las famosas academias de idiomas del mismo nombre, hablaba treinta y dos. Al parecer, cuando Berlitz era niño, en su casa cada persona se dirigía a él en un idioma distinto, y a la edad de tres años ya tenía fluidez en cuatro idiomas; y cuando era adolescente ya hablaba ocho. Cuando aún era un niño pequeño, creía que cada persona tenía su propio idioma, y que se suponía que él también debía tener el suyo.

En teoría, es posible hablar todas las lenguas con las que tengamos contacto. El DAL de los niños multilingües funciona igual que el de los monolingües; para abarcar dos o más lenguas, lo que debemos expandir es el SAAL. Para poder aprenderlos, lo que necesitamos es una exposición constante y prolongada a cada uno de los idiomas. Por tanto, el factor clave es cuánto tiempo y cuántas oportunidades tenemos para llevar a cabo interacciones valiosas en más de cuatro o cinco idiomas. Es más habitual dos que tres, y tres más que cuatro.

Desde la perspectiva de los padres, como veremos más adelante, el hecho de organizar interacciones útiles en dos idiomas puede resultar difícil, así como mantenerlas para que el niño no las olvide. Aunque, si la logística lo permite, la mente parece capaz de aprender un número infinito de idiomas.

Diferentes formas de convertirse en bilingüe

Adquisición bilingüe simultánea y Adquisición temprana de una segunda lengua: una metáfora

Los padres que educan a sus hijos de forma bilingüe eligen entre que aprendan dos idiomas al mismo tiempo («simultáneos») o que empiecen con la segunda cuando la primera ya está asentada («secuenciales»). Si los niños aprenden dos idiomas de manera simultánea, tendrán dos «primeras» lenguas. Los niños que aprenden dos lenguas de manera secuencial tienen una primera lengua (L1) y una segunda lengua (L2), por lo que este tipo de aprendizaje bilingüe también incluye el aprendizaje de una segunda lengua.

Como veremos en el capítulo 7, si se consigue una exposición suficiente en cada idioma, los dos primeros idiomas de un bilingüe pueden ser tan sólidos como el idioma único de un monolingüe. De igual forma, si los niños aprenden la segunda lengua antes de la adolescencia (adquisición temprana de una segunda lengua), a menudo sus habilidades en ese idioma son tan buenas o mejores que en su primera lengua y, en muchos sentidos, serán las mismas que las de aquellos que aprendieron las dos lenguas desde su nacimiento. La distinción entre la adquisición bilingüe simultánea y la adquisición temprana de una segunda lengua es fundamental, y es lo que trataremos de analizar en este capítulo.

ADQUISICIÓN BILINGÜE SIMULTÁNEA

Imaginemos que las dos primeras lenguas están en nuestro cerebro como dos árboles en un bosque. En el caso de la adquisición bilingüe simultánea, hay dos semillas plantadas una junto a otra, cada una en su propio suelo. Si cada «lengua/árbol» hunde sus raíces en el suelo y crece de manera independiente, podemos asegurar que ambas «llevan a cabo» el aprendizaje de la primera lengua. Si los dos idiomas son plantados al mismo tiempo, y si reciben los mismos nutrientes, podemos esperar un crecimiento paralelo.

Ambos árboles pueden tener ramas y raíces independientes, o también pueden tener ramas y raíces que se toquen unas a otras, como en el caso de una persona que mezcla elementos de sus idiomas. Para que cada uno de ellos se desarrolle independientemente, ambos árboles son plantados más o menos al mismo tiempo después del nacimiento del niño.

ADQUISICIÓN TEMPRANA DE UNA SEGUNDA LENGUA

Para visualizar la coexistencia de una primera y una segunda lengua en un niño, podemos imaginarnos otro tipo de árbol. Por ejemplo, a veces la semilla de un ficus no echa raíces en la tierra, sino en otro árbol. El ficus crece sobre las raíces y el tronco principal de su árbol de acogida. Incluso con el tiempo puede llegar a hacer sombra al primer árbol, pero en general ambos vivirán entrelazados hasta una edad avanzada.

Otra manera de aprender una segunda lengua se asemeja a los injertos: el jardinero injerta una variedad en otra, de modo que las raíces, el tronco y muchas ramas pertenecen a la lengua original, pero habrá una rama de la segunda lengua alimentada por las raíces y el tronco de la primera.

Aprender una segunda lengua en la escuela se asemeja más a la metáfora del injerto. Las raíces y el tronco son de la primera lengua, y alguien externo —el jardinero, o el profesor— inicia el aprendizaje.

La parte injertada no tiene raíces ni tronco propios. Su crecimiento depende completamente de la estructura del árbol (o la lengua) de acogida. Sin embargo, las ramas de la segunda lengua injertadas pueden llegar a ser sin problema tan largas y robustas como las de la primera lengua. De hecho, pueden llegar a eclipsar a las ramas «primigenias».

Cuando hay dos árboles, o dos lenguas en una persona, plantados uno al lado del otro, ambos se asientan sobre el mismo suelo, rico o pobre. Cuando llueve, ambos árboles reciben la nutritiva lluvia. Cuando el sol brilla, alcanza a los dos árboles y les ayuda a crecer. Por otra parte, en un bosque, cuando un árbol llega a ser muy alto, puede impedir que el sol llegue a las plantas más bajas que están a su alrededor, y dificultar su crecimiento. Por tanto, dos árboles juntos en un mismo bosque con idéntico clima pueden crecer a distinto ritmo.

¿Qué significa ser «bilingüe»? Distintas clasificaciones

Los diferentes árboles nos ayudan a ver las distintas formas de ser bilingüe. De hecho, no existe una definición universalmente aceptada de lo que significa ser «bilingüe». La palabra toma diversos significados dependiendo de lo que queramos describir con ella.

Como los árboles del ejemplo, la Tabla 3 clasifica a los bilingües según el momento en el que aprendieron los dos idiomas, es decir, al mismo tiempo, o una después de la otra: bilingüe «precoz» frente a bilingüe «tardío», y dentro del bilingüismo precoz: bilingüe «simultáneo» frente a bilingüe «secuencial». Tanto si empiezan a aprender la primera y la segunda lengua en la infancia como en la niñez, siempre que los idiomas estén firmemente asentados dentro del periodo de siembra óptimo (o «periodo crítico»), los bilingües precoces se convierten en «hablantes nativos» de ambas lenguas, mientras que, por lo general, los «bilingües tardíos» no son considerados hablantes nativos de su segunda lengua, aunque su nivel sea muy bueno, o «casi nativo».

Tabla 3. Definiciones de un bilingüe según tiempo y habilidad

Según cuándo se aprende la segunda lengua	Palabras relacionadas	Segunda lengua (L2)	Nivel
Bilingües precoces	Bilingües desde la lactancia «Simultáneos».	Aprendida desde el nacimiento, al mismo tiempo que la L1, de manera informal, generalmente en el hogar.	Hablantes nativos en L1 y L2.
	Bilingües consecutivos «Secuenciales».	Aprendida con dos o tres años de edad, una vez asentada la L1, en el hogar; o hacia los cinco años, en la escuela.	Hablantes nativos en L1 y como un nativo en L2.
Bilingües tardíos	También bilingües secuenciales; Aprendizaje (tardío) de la segunda lengua.	Tras la adolescencia, (con frecuencia) aprendida en el colegio	Nativos en L1; no nativos, o casi nativos, en L2.

¿Cuánto debes saber para poder ser considerado «bilingüe»?

Existe todo un abanico de posibilidades en cuanto a la manera en la que las personas utilizan dos idiomas en sus vidas. En un extremo se sitúa el intérprete de la ONU que habla ambas lenguas tan bien como un nativo y sabe leer y escribir en las dos. Sin ningún género de duda, estos intérpretes disponen de dos idiomas, y todos convendremos en que son «bilingües» (a veces se les denomina «ambilingües»). En el extremo opuesto se sitúan los recién nacidos a quienes sus padres hablan en dos idiomas, pero que aún no pueden hablar ni escribir en un idioma, y mucho menos en los dos. Técnicamente hablando, los niños no son siquiera monolingües, pero podemos llamarlos bilingües porque están oyendo dos idiomas.

Entre estos dos extremos se sitúa toda la gama de niveles de conocimiento y uso del idioma. Por ejemplo, pensemos en un adulto que llegara hace treinta años a Estados Unidos procedente de Rusia, pero que no ha vuelto a decir ni una palabra de ruso desde entonces. Podríamos considerarlo bilingüe porque, si tuviera que hacerlo, podría hablar tanto inglés como ruso. Un nivel intermedio de bilingüismo es el del emigrante que habla la lengua de su país de acogida (tal vez con algo de acento), pero que sigue en contacto con gente que habla su idioma materno y lo utiliza a menudo. A un niño en edad preescolar, que está siendo introducido a un idioma nuevo y diferente en la escuela, también se le llama bilingüe, igual que a un recién nacido, porque probablemente en un futuro próximo hablará dos idiomas.

Los adultos que comienzan a aprender una segunda lengua seguramente no deberían ser llamados «bilingües», pues son esencialmente monolingües, con escaso conocimiento de la segunda lengua. ¿Pueden llegar a ser considerados bilingües en algún momento? A diferencia de la limpieza de tu habitación, aprender un idioma es un proceso continuo que no tiene un final claramente marcado. No existe un momento mágico en el que puedas exclamar: «¡Lo conseguí, he aprendido francés!». Es el doble o el triple de difícil decir cuándo has aprendido «totalmente» cada una de las dos, o más, lenguas. Sin embargo, en algún momento los estudiantes con mayor dominio podrán empezar a utilizar el idioma en situaciones reales. En mi opinión, la diferencia entre un estudiante de una lengua extranjera y un bilingüe radica en lo auténtico que resulte su uso de los idiomas. En una clase de idiomas, frases y oraciones son utilizadas para «practicar», para demostrar si sabes decir algo. No importa si realmente quieres decir lo que dices. Por contra, si el estudiante utiliza la segunda lengua en el mundo real para comunicar pensamientos o deseos, podemos reconocer que ese estudiante está viviendo de forma bilingüe.

DESCRIBIR A LOS BILINGÜES POR SU NIVEL DE CONOCIMIENTO Y MODOS
EN CADA IDIOMA

Dos idiomas no pueden llegar al mismo nivel de desarrollo en todas las áreas, a no ser que se pueda dedicar a ambos la misma cantidad de tiempo y oportunidades de desarrollo. En general, los bilingües tienen un idioma «dominante» y uno «no dominante». Para cada idioma puede que tengan diferentes combinaciones, o «modos», de las cuatro habilidades lingüísticas: hablar, entender, escribir y leer, y distintos niveles (desde muy fluido a limitado) en cada idioma.

En el ámbito educativo, con frecuencia se habla de «tipo» de habilidad, es decir, si la persona puede participar solamente en conversaciones informales orales en un idioma determinado (lengua recreativa) y tiene habilidades básicas de comunicación interpersonal, o es capaz de un aprendizaje académico de una lengua, tanto escrito como hablado, y *cognitivamente domina* los usos *académicos* de la lengua. La competencia lingüística es un vasto campo dentro de la competencia académica, pero la preparación académica abarca más que simplemente un idioma.

¿Existen dos idiomas independientes, o un idioma dividido en dos?

Durante muchos años, la cuestión más candente sobre los bilingües era si sus idiomas podían ser considerados «un idioma, o dos». Una de las claves de este debate consiste en saber si las lenguas comparten, o no, recursos. Si los sistemas son compartidos, esto puede implicar una cooperación (lo que facilitaría el aprendizaje de dos idiomas), o una competición (lo cual dificultaría el aprendizaje de dos idiomas).

FUNCIONES COMPARTIDAS («UN SISTEMA») Y NO COMPARTIDAS («DOS SISTEMAS»)

«Un-sistema-o-dos», una cuestión difícil porque seguramente no hay una única respuesta correcta para ella. En el hecho de convertirse en bilingüe influyen muchos factores que, además, cambian con el tiempo. Los idiomas son sistemas complejos: algunos subsistemas se pueden compartir, otros, no. Algunos se pueden compartir con otras lenguas, pero no con todas.

Por ejemplo, en un estudio que realizamos en la Universidad de Miami nos dimos cuenta de que las habilidades para leer y escribir se comparten entre los idiomas, mientras que el vocabulario oral, no. En el vocabulario, a veces decimos que los conceptos están «distribuidos», o divididos, entre los idiomas. Puede que el niño aprenda, en el hogar, vocabulario relacionado con las tareas del hogar o de parentesco, pero no el vocabulario de la escuela, y viceversa. Puede que solo sepa las palabras para las matemáticas y las ciencias en el idioma de la escuela. Según nuestras investigaciones, dependiendo de la edad del niño, había más o menos conceptos compartidos, o encontrados, en ambas lenguas. Sin embargo, casi todos los niños del estudio sabían palabras que no eran compartidas. El niño las conocía en un idioma o en el otro, pero no en los dos.

«MODOS» MONOLINGÜES Y BILINGÜES

La dicotomía «un sistema o dos» ha dejado de ser un problema. De hecho, parece que los bilingües pasan de un sistema al otro continuamente. Los científicos afirman que cuando los bilingües van a decir algo, ambos idiomas están activados. Sin embargo, el cerebro debe decidir: ¿se suprime una lengua y se le permite a la otra «continuar»? ¿O siguen las dos activadas y se utilizan en la conversación? Al parecer, todos los bilingües son capaces de funcionar de forma monolingüe —en dos idiomas independientes—, o bilingüe, con las dos lenguas a lo largo de la conversación, o de un pensamiento.

Modo monolingüe

El lingüista François Grosjean aduce que un bilingüe «no son dos monolingües en una persona», sino que, por contra, algunos bilingües prefieren funcionar en lo que podríamos llamar «modo monolingüe», en dos idiomas. Es decir, cambian de ser un hablante monolingüe de un idioma con otro hablante (o en una situación concreta) a ser un hablante monolingüe del otro idioma con otro hablante (en otra situación). Radha, una de las personas que contribuyen a este libro con su experiencia como niña bilingüe, comentaba que ella, al pasar de un idioma a otro, se sentía como si se pusiera su «gorro tamil», o su «gorro inglés». Podía despertarse de un sueño en tamil, y debía cambiar para asistir a clase en inglés. Su madre describe a Radha, cuando tenía tres años, como una niña que cambiaba sin dificultad entre modos monolingües en dos idiomas, y recuerda que cuando la recogía a la salida del colegio, al hablarle en tamil, la niña asentía y se giraba para contarle, en inglés, a la profesora lo que había dicho su madre. La profesora respondía en inglés, y Radha se lo traducía a su madre al tamil.

Modo bilingüe

Muchos bilingües, a diferencia de Radha, no utilizan sus idiomas de forma tan independiente, sino que usan ambas lenguas juntas en «modo bilingüe», o en «un rico guiso lingüístico», cuando hay otros bilingües en la conversación. Un modo bilingüe solo es posible si las dos personas de la conversación entienden ambas lenguas. Al hablar con monolingües, o con otro bilingüe que utilice una lengua cada vez, los bilingües aprenden a no responder en el idioma «equivocado». Con otros bilingües que hablan las mismas dos lenguas, pueden funcionar en «modo bilingüe» para aprovechar los recursos de ambos idiomas.

MODO BILINGÜE Y CAMBIO DE CÓDIGO

En modo bilingüe, con frecuencia los hablantes cambian entre idiomas, o «cambian de código». Esta suave transición entre idiomas (aquí llamados códigos) puede suceder tanto entre frases como dentro de las frases, pero solamente en lugares donde la estructura gramatical lo permite. Antes se creía que el cambio de código era un fallo del comportamiento bilingüe, algo que las personas hacían si no conocían ambas lenguas lo suficientemente bien para continuar en una de ellas. Normalmente, ese no el caso. En vez de eso, el cambio de código es una capacidad que la gente solamente domina cuando cuentan con buenas habilidades en ambos idiomas.

Algún cambio de código puede referirse simplemente a rellenar una palabra desconocida en el vocabulario, por ejemplo, «Mira, mira, vi... *a frog*» (en vez de «una rana»). Sin embargo, a menudo es una elección consciente porque la palabra en el otro idioma es más precisa.

Con frecuencia, el cambio de código gramatical —por ejemplo, «a veces empiezo una frase en español, *and finish it in English*» (y la termino en inglés)— es una respuesta a un «tirador». Un tirador es una palabra o un elemento gramatical que es representado en los dos idiomas, de manera que puede «desencadenar» el paso de un idioma al otro. Los nombres propios son los tiradores más comunes, por ejemplo: «Mi hija pequeña está en Liverpool. *I'm talking about Ana...*» («Me refiero a Ana», en inglés). El hablante empieza en español, después dice «Liverpool», una ciudad de Inglaterra, y continúa en inglés. Las palabras parecidas, aunque su significado no sea el mismo, a veces también desencadenan el cambio.

Todos los hablantes bilingües tienen la posibilidad de cambiar o no cambiar. Es como si tuvieran una vara de medir, que pueden colocar en una lengua, o en la otra (o entre las dos). En general, el lugar donde la coloca un niño, más cerca del medio, o de uno de los extremos monolingües, refleja la forma en la que las personas de su entorno han colocado las suyas. Los niños, incluso antes de los dos años, se muestran receptivos a las señales de otros hablantes, aunque no tengan mucha destreza para mantenerse en un idioma, sobre todo si el otro idioma es el dominante. Cuando se hacen mayores, son más conscientes de su elección de una lengua y, si es apropiado, pueden incluso decidir hablar en un modo bilingüe.

Un diálogo de «dos vías»

Si dos hablantes entienden las mismas dos lenguas, pueden conversar en los dos idiomas al mismo tiempo. Las personas pueden utilizar ambos idiomas de forma completamente bilingüe durante la conversación, o pueden llevar a cabo un «diálogo de dos vías». En estos casos, cada persona habla un idioma diferente en un modo monolingüe, pero escucha de forma bilingüe. Por ejemplo, muy a menudo encontramos que, en la misma conversación, un padre utiliza la lengua minoritaria, y el hijo la mayoritaria. Cuando estuve en Italia, recibí clases en italiano, pero realizaba las preguntas en inglés. Todos los de la clase escuchaban y entendían en modo bilingüe, pero hablaban en modo monolingüe.

¿Dónde se encuentran los idiomas en el cerebro? ¿Los dos idiomas funcionan en la misma parte del cerebro, o en partes distintas?

Revisar cómo funcionan los idiomas en el cerebro puede darnos otra perspectiva sobre el asunto de si hay «un idioma o dos». Hay metáforas mentales de dos tipos: a) la metáfora de la «estructura» tiene en cuenta dónde están los idiomas y cuánto espacio ocupan, y b) la metáfora del «software» considera cómo funcionan los idiomas, cómo se realizan las conexiones y si pueden ser detectados diferentes patrones de activación. Desde 1800, los estudios médicos nos han dado información sobre la estructura del cerebro; las técnicas modernas con imágenes de cerebros sanos también nos informan sobre su *software*.

La estructura del cerebro

Nuestro primer conocimiento de la estructura del cerebro procedía de estudios realizados sobre cerebros dañados. Con frecuencia, las personas que han sufrido ataques u otros daños cerebrales desarrollan «afasia», un estado que les impide hablar o entender el idioma. Desde mediados del siglo XIX, los científicos que estudiaban a los afásicos situaron los dos centros neurálgicos del idioma en la capa externa (o córtex, término latino para «corteza» o «cáscara»). La función principal de uno de los centros es hacer el discurso gramatical (Broca), mientras que el otro se utiliza para entender y elegir palabras y hacer entendibles las frases (Wernicke).

El lado izquierdo del cerebro, o «hemisferio izquierdo», controla las acciones que realiza el lado derecho del cuerpo, y el hemisferio derecho, el lado izquierdo del cuerpo. Para la mayoría de la gente, la parte derecha del cuerpo (o izquierda del cerebro) es más habilidosa que el lado izquierdo (o derecho del cerebro). Los centros gramaticales y de entendimiento de Broca y Wernicke se encuentran, ambos, en el lado izquierdo del cerebro (o en el hemisferio izquierdo, o «dominante»), aunque existe un pequeño porcentaje de zurdos que tienen sus centros de control lingüísticos en el hemisferio derecho.

SITUAR EL LENGUAJE EN EL CEREBRO

En adultos, el daño producido en el área situada aproximadamente entre la parte frontal y trasera del lado izquierdo del cerebro causa afasia de Broca. Una persona con este tipo de lesión será capaz de entender lo que se dice y parece querer hablar, pero no le salen las palabras: «No... eh... hoy... eh... mamá... colegio... sí». Habla con dificultad, y en general sus articulaciones se componen de palabras, sin relación gramatical entre ellas. Su entendimiento de frases simples parece normal, pero al hacer la prueba con frases más complejas (como «el oso fue lavado por el niño», en vez de «el niño lavó al oso») se pone de manifiesto que también la comprensión puede ser un problema. En principio, dado que el lado derecho de la boca sufre una holgura, además de otras parálisis en el brazo y la pierna derecha, los investigadores pensaron que el problema residía en que habían sido «cortados» los nervios de los músculos de la boca. Puede que los nervios estén dañados, pero también parece que el «software» lingüístico del paciente ha sido dañado o borrado.

El otro tipo principal de afasia, «la afasia de Wernicke», viene del daño causado al «centro del sentido». El área de Wernicke se sitúa en el cerebro más atrás que el área de Broca, también en el hemisferio izquierdo. Los afásicos de Wernicke, con daños en esa zona, hablan sin impedimentos, sobre todo frases gramaticales, pero sin sentido: «El teléfono comió y quiero que venga y hacerlo como tú lo encontraste» (esta es una breve cita de un afásico de Wernicke con el que trabajé). Da la impresión de que «el oficinista» que selecciona nuestras palabras en el cerebro es enviado a por un grupo de palabras, pero vuelve con otro completamente distinto. Asombrosamente, la gramática de lo que dice un afásico receptivo es relativamente buena, pero las palabras no son las adecuadas. Asimismo, los afásicos de Wernicke también tienen dificultades para entender lo que se les dice, y por lo general no saben que lo que ellos dicen no tiene sentido.

En la mayoría de los casos, cuando un bilingüe sufre un problema cerebrovascular, ambas lenguas se ven afectadas, pero con la suficiente frecuencia un idioma se deteriora y el otro se salva. Para los primeros investigadores, este hecho suponía que las dos lenguas, al menos para estas personas, se ubicaban en áreas distintas del cerebro. Cuando se observó que un número significativo de bilingües afásicos tenían dañada la parte derecha de su cerebro, no la izquierda, se llegó a la conclusión de que los bilingües derivaron su capacidad lingüística hacia el otro lado del cerebro. El caso más llamativo fue el de una persona que solamente podía hablar una de sus lenguas un día, y la otra al día siguiente, y así día tras día. Sus doctores concluyeron que, en sí mismos, los idiomas estaban bien, pero que el mecanismo que las activaba era independiente y podía ser dañado.

El software *del cerebro*

Hasta el final del pasado siglo solamente si el cerebro estaba dañado podíamos saber qué partes de este intervenían, por lo que no teníamos imágenes de las lenguas en un cerebro sano. Las nuevas técnicas de imágenes, como la imagen por resonancia magnética funcional (IRMf) y la tomografía por emisión de positrones (PET), nos permiten conocer nuevos datos sobre personas sanas. Esta nueva evidencia aúna las metáforas de la estructura y del software del cerebro. Según los experimentos que trazan un mapa de la actividad cerebral, mientras alguien habla o escucha una o dos lenguas, parece que partes de ambos idiomas ocupan distintas zonas del cerebro dependiendo de su actividad, como hablar o escuchar. Asimismo, también se observa que ambas lenguas «se encienden» dentro del mismo espacio, como si fuesen dos programas que se activan y usan los mismos circuitos en tu ordenador.

Según los modelos de activación que reflejan las imágenes y los «vídeos» de las diferentes herramientas, las dos lenguas de un adulto bilingüe se encuentran repartidas por una zona más amplia del cerebro que en un adulto monolingüe. Un artículo de la revista *Nature* mostró que cuando los niños bilingües estaban procesando el habla, los dos idiomas «iluminaban» las mismas áreas del cerebro, pero cuando se trataba de bilingües tardíos, las áreas activadas no coincidían. Además, investigadores franceses también han encontrado actividad relacionada con el uso de la segunda lengua en el lado derecho del cerebro. Recientemente se llevó a cabo una investigación que comparó a monolingües y bilingües cuando hablaban solamente en un idioma. Cuando los bilingües hablaban solo una de sus lenguas, la actividad de la zona izquierda del cerebro era la misma que la de los monolingües. Sin embargo, cuando los bilingües realizaban una tarea que los obligaba a cambiar de un idioma a otro, los investigadores vieron actividad en áreas similares tanto de la parte derecha como de la izquierda del cerebro.

Por lo tanto, en general, una segunda lengua parece tener algunas funciones repartidas sobre una zona más amplia del cerebro. Para explicar este comportamiento, los investigadores realizan una analogía con la reorganización del funcionamiento cerebral durante el aprendizaje de la primera lengua. Este patrón de desarrollo observado en bebés (y también en adultos) se aplica a los comportamientos menos practicados e involucra una zona más amplia de conexiones más débiles. Cuanto más se practican estos comportamientos, más se «focalizan», con respuestas más sólidas de menos neuronas. Si la segunda lengua es reciente y menos fluida, puede ocupar más espacio, mientras que dos lenguas muy practicadas podrían ser manejadas de forma eficiente en un solo hemisferio. En consecuencia, la evidencia procedente de las ondas cerebrales parece sugerir que dos lenguas muy practicadas se encuentran en un solo lugar, aunque funcionen de forma independiente.

Estas nuevas técnicas también permiten observar cada vez más temprano evidencias de un aprendizaje bilingüe en niños procedentes de entornos bilingües. Antes de que los niños puedan mostrarnos a través del habla y de sus acciones qué entienden de las lenguas que los rodean, el instrumental de los científicos en el laboratorio puede hacerlo por ellos. Estos instrumentos muestran las diferentes velocidades de respuesta de los bebés, por ejemplo en sus ondas cerebrales, ritmo cardiaco y movimiento ocular, ante sonidos familiares y no familiares. Estas técnicas nos permiten apreciar las diferentes respuestas de los bebés ante las distintas lenguas durante su primer año, un periodo en el que los balbuceos de los bebés son iguales en cualquier idioma, y no pueden decirnos con palabras que saben que cada idioma es distinto.

Los cerebros de los niños se adaptan para aprender de todo, incluso el idioma

En el cerebro humano, la parte exterior es donde tiene lugar la mayor parte del aprendizaje de una persona. En ese lugar podemos encontrar, por ejemplo, las habilidades matemáticas, la percepción espacial, la planificación y el razonamiento, y también el lenguaje. El córtex de los humanos es mucho más flexible que el de los animales, incluso que el de los chimpancés, cuyo cerebro guarda bastantes semejanzas con el nuestro. Dado que la clave para la inteligencia humana es la adaptabilidad, nuestros cerebros no vienen preprogramados con habilidades complejas. Debemos poder aprender cualquier habilidad que se nos requiera en nuestro entorno. De manera que, en vez de nacer con un montón de *software,* el niño viene con gran cantidad de «capacidad». Es la parte relativamente vacía del cerebro la que nos hace necesitar aprender y la que, además, nos da el espacio para hacerlo. En vez de incrustar las habilidades de supervivencia en el cerebro de los niños, los padres son capaces de dar respuestas hormonales y culturales para proteger al niño hasta que este ha aprendido lo necesario para sobrevivir en su ambiente. Este periodo de aprendizaje es mucho más prolongado en los humanos que en los animales. Nuestro córtex sigue desarrollándose hasta la pubertad (y algunas áreas del pensamiento hasta bien entrados los veinte).

Esto no quiere decir que el niño sea una «hoja en blanco» sobre la que los padres «escriben». Solo porque el niño no nace con dientes, no significa que sean los padres los que los colocan en su boca. El «cerebro lingüístico» de un niño no viene preinstalado con el inglés, o el chino. Sin embargo, los centros lingüísticos vienen preparados con un programa universal mucho más general, además de «cableados» con un analista gramatical que puede detectar estructuras entre las palabras. Los cerebros de los niños son especialmente hábiles a la hora de analizar los patrones de lo que oyen y aplicarlos a nuevas palabras. Este DAL (Dispositivo de Adquisición del Lenguaje) incluye reglas y estructuras del tipo que todos los idiomas utilizan, y la tarea del niño consiste en encontrar evidencias de las estructuras requeridas por las lenguas que oye.

¿Qué tienen de especial las capacidades lingüísticas del cerebro de los niños?

Las percepciones infantiles —la habilidad de oír, ver, tocar, etc.— también están especialmente adaptadas para descubrir el idioma. Los niños nacen con una capacidad auditiva muy fina, bastante más que la de muchos animales jóvenes. Prefieren los sonidos complejos (como el habla) a los tonos más simples, y pueden distinguir los matices entre ellos. A partir de los seis meses, o antes, han demostrado un rendimiento equivalente al de los adultos. De hecho, pueden localizar voces de manera inmediata.

Comparado con su capacidad auditiva, la capacidad visual de los bebés es bastante pobre, aunque lo que tienen es especialmente útil para el lenguaje. Se sienten atraídos por los rostros humanos, y se centran en los ojos y la boca, ambos de gran relevancia para ayudarle a aprender su lengua. Les ayuda ver cómo se mueve tu boca. Los bebés tienen que ver tus ojos, porque necesitan saber dónde estás mirando (recuerda que en el capítulo 2 comentamos que cuando los bebés están aprendiendo palabras, asociando sonidos con significados, una de las maneras que tienen de saber a qué te refieres es comprobar adónde se dirigen tus ojos).

Tal vez el mayor estímulo para la habilidad de los niños para aprender el idioma es el flujo extra de sangre y actividad metabólica de sus cerebros. Sus cerebros trabajan el doble que los de los adultos. Su nivel de azúcar en sangre sube hasta que tienen dos años, y luego sigue siendo el doble que la de un adulto hasta la edad de nueve años. Los cerebros de los bebés realizan un sobreesfuerzo para realizar nuevas conexiones entre las neuronas, y mediante esas conexiones aprenden los sonidos y las palabras y analizan la gramática de lo que decimos.

Al nacer, el cerebro de los niños cuenta con la mayoría de las células nerviosas que tendrá a lo largo de su vida, pero tienen muchas menos conexiones entre ellas que las de un adulto. Cuando nacen, tienen muchas menos conexiones que las que tendrán solamente tres meses después. Es como si todos los teléfonos de un pueblo hubiesen sido repartidos, pero no se hubieran establecido las conexiones entre las casas. En los primeros cinco años de vida el niño realiza tantas conexiones celulares, unas quince mil por célula, que hacia los cinco años acaba por reducirlas a los niveles de un adulto. Aunque realizan muchas conexiones, no todas son útiles, así que solamente se mantienen las necesarias para el lenguaje, y las que no, se acaban marchitando.

Mejor distinción del habla

La superioridad de los niños para diferenciar el habla es legendaria y temporal —a modo de préstamo— hasta que se han realizado las distinciones necesarias para el idioma o idiomas que estén aprendiendo. Llegado un momento, al oído no se le «anima» a hacer nuevas distinciones (aunque tampoco se le impide completamente). Como vimos en el capítulo 2, cuando aprendes los sonidos de un idioma, sintonizas tu oído para apreciar las diferencias entre unos sonidos e ignorar otros. Las conclusiones más importantes de una serie de famosos experimentos realizados en Canadá son que, desde su nacimiento, los niños son muy buenos a la hora de oír los contrastes, y también a la de aprender a ignorarlos desde que cuentan apenas seis meses de edad, cuando dejan de oírlos. No importa qué idioma estén aprendiendo, todos los bebés son «aprendices universales». Hacia los seis meses pueden realizar distinciones útiles para todos sus idiomas, pero hacia los doce meses solo pueden continuar realizándolas si los sonidos son necesarios para la lengua (o lenguas) que oyen en su entorno.

Descifrar las reglas

En el capítulo 2 comentamos que los niños más jóvenes cuentan con una habilidad especial para la gramática, el DAL, del que se sirven para aprender un idioma. Los niños nacen preparados para distinguir patrones en lo que oyen. Necesitan estructura y, si no está ahí, la crean. Un buen ejemplo lo encontramos en el estudio de la lengua de signos de un niño sordo, Simon. Los padres de Simon también eran sordos, pero no tuvieron la oportunidad de aprender la lengua de signos hasta la adolescencia, por lo que sus signos eran «agramaticales» (como cuando decimos «ellos corre», en vez de «ellos corren»). A causa de ello, los signos de Simon eran más precisos que los de sus padres. Simon dedujo las reglas de su uso irregular y luego las aplicó de manera general.

BARBARA ZURER PEARSON

Cuándo está el cerebro de un niño más abierto a nuevos idiomas: razones para la existencia de un periodo «crítico»

VENTANA DE OPORTUNIDAD

Los niños están tan por encima de un adulto en cuanto al aprendizaje de un idioma que algunos estudiosos del tema especulan con la existencia de un periodo «crítico» para el aprendizaje, que termina hacia los seis o siete años (otros lo sitúan en la pubertad).

Desde un punto de vista técnico, un periodo crítico es una ventana de oportunidad con un momento inicial y uno final bien definidos. Solamente durante ese periodo una experiencia concreta llevará al objetivo deseado. El concepto de periodo crítico nos resulta familiar por las investigaciones del mundo animal. Las ocas recién nacidas aprenden a reconocer y seguir a la criatura a la que ven en sus primeras cuarenta y ocho horas de vida. La imagen de este animal queda fijada, o «impresa», en la oca bebé en esos primeros dos días, y después no cambia. En la mayoría de los casos, esto es muy importante para la supervivencia del animal. En general, es a la madre a quien primero ve la oca bebé, por lo que al bebé le queda grabada una honda impresión de a quién debe seguir para obtener comida y protección. Sin embargo, no siempre ocurre esto. Conocemos un famoso caso en el que esta primera imagen no fue tan provechosa para los jóvenes animales. Una vez, un científico estaba observando en el laboratorio el comportamiento de unas ocas recién nacidas, y su figura fue lo primero que esas ocas vieron. Después de aquello, cada vez que estaba a la vista de esas ocas, estas se ponían en fila y lo seguían de cerca.

Otro ejemplo, más cercano al lenguaje, nos viene de los pájaros cantores que aprenden a desarrollar sus canciones si oyen cantar a otros pájaros de su especie (aunque sea en una grabación) durante el breve periodo de las dos semanas después de su nacimiento. Si a esa edad se les impide oírlo, no importa lo mucho que lo puedan oír posteriormente, pues no desarrollarán adecuadamente su propio canto y no podrán atraer a un compañero adecuado.

Un periodo crítico para el (primer) idioma

El aprendizaje de una primera lengua por parte de los humanos también parece estar sujeto a un periodo de tiempo limitado. No somos tan conscientes de este límite porque es muy poco habitual que los niños carezcan completamente de una interacción lingüística en el periodo que va desde su nacimiento hasta aproximadamente los diez años de edad, cuando sus cerebros están más preparados para ello. Una de los casos más horrendos de privación del lenguaje a un niño salió a la luz en Los Ángeles en la década de 1970. Un psicópata tuvo a su hija atada durante doce años a un váter. La alimentaba y la vestía, pero nadie jugaba con ella ni le hablaba, excepto para reñirle o pegarle si emitía algún sonido. Cuando la niña fue descubierta, la llevaron a un hospital y, posteriormente, a una casa de acogida para que recibiera terapia y estudiara. Allí recibió el nombre de «Genie». Al principio su lenguaje pareció evolucionar. La calidad de su voz siguió siendo forzada y poco natural y su articulación era pobre, aunque su vocabulario llegó a las setecientas palabras. Sin embargo, a pesar de los esfuerzos para enseñarle, nunca pudo llegar a dominar siquiera la gramática más sencilla, por lo que sus «frases» eran tan solo una cadena de palabras, como por ejemplo: «Hombre hombre bicicleta tener», o «Querer Curtiss piano tocar». En los primeros tiempos de su nueva vida, Genie pareció muy rápida y dispuesta para otras actividades, pero esta estimulación tardía no pudo crear los circuitos necesarios en la zona «gramática» del cerebro que no había sido desarrollada en el momento adecuado.

Más razones para la existencia de un periodo «crítico»

Parece que cuando está dañado, aún se puede entrenar el cerebro de un niño, mientras que para el de un adulto es mucho más difícil. Si una parte del córtex resulta dañada durante la infancia más temprana, las funciones del desarrollo, como el lenguaje, pueden ser reubicadas en un tejido no dañado. Puede que la recuperación no llegue al 100%, pero el lenguaje reubicado resulta más que suficiente para desenvolverse en la vida diaria y en la escuela. A menudo a la historia de Genie se contrapone la de Isabelle, que fue recluida en un desván y a la que nunca se habló, pero que fue rescatada con seis años. Cuando fue rescatada, no hablaba y tenía el nivel cognitivo de un niño de dos años. Sin embargo, en apariencia, en el transcurso de un año se puso al nivel de otros niños, tanto en el habla como en el entendimiento.

Por el contrario, cuando los adultos sufren un daño en una de las áreas del cerebro dedicadas al lenguaje, las posibilidades de recuperación son escasas. Puede que al principio recuperen algo, cuando, por ejemplo, la hinchazón remite en las áreas cercanas y vuelven a funcionar. Sin embargo, las funciones dañadas no se regeneran y la incapacidad es permanente. Del mismo modo que la estrella de mar puede regenerar un brazo, si lo pierde a causa de un accidente o un depredador, parece que hasta la pubertad un niño «desarrolla el lenguaje» una y otra vez. Los adultos, no. En el caso de los adolescentes que sufren un daño cerebral, no se pude anticipar nada, hay que esperar y ver la evolución.

Así que las limitaciones temporales para aprender una primera gramática parecen muy marcadas, como el periodo crítico de otras especies. Pero ¿qué ocurre con el aprendizaje de la segunda lengua? ¿Es válida la hipótesis del periodo crítico para el aprendizaje de una segunda lengua? Para poder responder esta pregunta, debemos considerar ciertas diferencias entre el aprendizaje, en general, de una primera y una segunda lengua. Y entonces nos detendremos en la pregunta más importante para los padres: ¿cuánto tiempo te puedes permitir esperar antes de introducir una segunda lengua?

Aprendizaje de la primera lengua, por parte de niños y adultos, frente al aprendizaje de la segunda

El aprendizaje de una segunda lengua es, a un tiempo, más difícil y más fácil que el aprendizaje de la primera. Resulta más sencillo porque quien la aprende ya conoce los rudimentos del aprendizaje de un idioma: por ejemplo, sabe que está buscando las palabras para hablar sobre distintos tipos de cosas, y que debería prestar atención a los finales de las palabras, donde muchos idiomas dan pistas muy importantes sobre cómo interpretar las palabras dentro de las frases. Cuando quien aprende un idioma es un poco mayor, no un bebé, su memoria es mejor, su lengua más coordinada y es capaz de almacenar en su mente pasajes más largos y repetir más partes de lo que ha oído. También tiene más experiencia para ayudarle a interpretar nuevas palabras y frases.

Por qué es más difícil

Sin embargo, aprender una segunda lengua después de que la primera esté establecida también es más difícil. En el sistema de sonido, y hasta cierto punto también en el vocabulario y la sintaxis, debes dejar de lado muchos de los contrastes que aprendiste para la primera lengua y tratar de empezar de nuevo. Hay que tener en cuenta que los hablantes de árabe que aprenden español se enfrentan a esta dificultad. En español hay un contraste de sonido entre «b» y «p», lo que nos permite distinguir entre «bastón» y «pastón». Sin embargo, en árabe, entre «b» y «p» no hay diferentes significados, y el sonido de la «p» es simplemente una de las múltiples maneras de pronunciar la «b». Cuando los hablantes de árabe oyen español, las palabras «bastón» y «pastón» les suenan igual. A menudo, cuando dicen «bastón» suena como «pastón». De manera que los hablantes de árabe que están aprendiendo español tienen que «desaprender», o por lo menos dejar de lado lo que aprendieron de su L1 para poder estar abiertos a los nuevos contrastes de la L2. Con frecuencia, los estudiantes transfieren sus categorías en la L1 a la L2, a este tipo de error se le denomina «errores de transferencia».

Parece existir un intercambio entre la facilidad de aprendizaje de una lengua por parte del niño y el dominio de dicha lengua de mayor. Los adultos son capaces de reaccionar con más rapidez ante los sonidos, y sus movimientos al hablar se vuelven más eficientes y racionales, de manera que cuando una persona alcanza la «automaticidad», para hablar per se es necesaria una menor energía (mental) y los recursos extras de los que dispone un niño se utilizan con otros fines. Es como si la mente supiera que el proceso de aprendizaje requiere más recursos, y están disponibles en un corto intervalo (cinco o seis años). Hasta que se desarrolla la eficiencia, en las áreas lingüísticas del cerebro se encuentran grandes cantidades de energía intensiva. Una vez que el cerebro funciona a un nivel de eficiencia próximo al de la edad adulta, su elevada tasa metabólica desciende.

Este intercambio puede llevar a la pérdida de otra herramienta importante para el aprendizaje. El DAL (Dispositivo de Adquisición del Lenguaje) puede no estar disponible para el aprendizaje de una segunda lengua como lo está para el aprendizaje de la primera. De hecho, mantener el DAL para siempre puede ser muy costoso. Una vez que empiezas a aprender otras cosas, necesitarás un lugar donde ubicarlas, así que puede que el niño tenga que cambiar el DAL por un espacio de memoria para todo tipo de conocimiento. Sin el DAL, que es especialmente sensible a la manera en la que están organizadas las cosas, los estudiantes necesitan recurrir a su capacidad de análisis del día a día. Esta parece funcionar bien para llevar a cabo la tarea de aprender un idioma, pero no tan bien como el DAL. A pesar de que quien aprende una L2 de adulto parece cometer el mismo tipo de errores que quien aprende una L1 (véase el capítulo 2), les resulta especialmente difícil evitar otro tipo de errores: los errores de transferencia, que consisten en que una persona traslada hábitos que funcionan en su primera lengua a la segunda lengua, en la que no funcionan. Estos errores dan la impresión de que los estudiantes adultos deben filtrar su segunda lengua a través de la primera.

EN QUÉ SON MEJORES LOS NIÑOS

Del hecho de que los niños tengan una pronunciación mejor en la segunda lengua deducimos que son capaces de aprender a distinguir sonidos durante un periodo de tiempo muy prolongado. En este mismo capítulo hemos visto que las representaciones mentales de sonidos por parte de los niños son útiles, aunque tienden a ser relativamente difusas e inestables. Los estudios realizados con imágenes tomadas al tiempo que las palabras están siendo reconocidas en el cerebro muestran que las respuestas de los niños son más amplias e implican un área más extensa del cerebro. De manera que, antes de los siete años, los niños parecen capaces de anular las categorías sonoras que crearon debido a la exposición a su primera lengua. Las respuestas de los adultos son más rápidas y se originan en un área más concreta del cerebro. Sin embargo, como vimos anteriormente, a los adultos les resulta mucho más difícil anular las representaciones de sonidos creadas años atrás.

De modo que el aprendizaje de una segunda lengua es más difícil porque es necesario desaprender diversos aspectos de la primera lengua y, además, puede que no contemos con la ayuda del DAL. Asimismo, los aprendices adultos cuentan con niveles metabólicos más bajos en el cerebro lingüístico que los niños que están aprendiendo una segunda lengua. En conjunto, los niños son más eficientes a la hora de aprender una segunda lengua, y esto ha llevado a algunas personas a especular con la posibilidad de que para los niños aprender una segunda lengua es como aprender la primera. Historias como la de Isabel nos hacen suponer que, aproximadamente hasta los seis años, los niños tienen acceso al DAL. Además, hasta más o menos los nueve años el niño cuenta con altos niveles metabólicos en el cerebro, y sus conexiones nerviosas son más débiles y más fáciles de modificar.

¿Cuándo se es demasiado mayor para aprender una segunda lengua como la primera?

Mucha gente cree que la diferencia entre el aprendizaje de una segunda lengua por parte de un niño y de un adulto responde a motivos psicológicos o sociales. Argumentan que los adultos rara vez se encuentran en una situación de inmersión lingüística y que solamente dedican una pequeña cantidad de tiempo y esfuerzo en aprender el nuevo idioma. Es más, opinan que si los aprendices adultos pudieran desinhibirse como lo hace un niño, sin miedo a cometer errores, también aprenderían mejor y más rápido. No existe una respuesta definitiva para esta pregunta, puesto que se puede argumentar desde los dos puntos de vista, pero en mi opinión la biología y los patrones de éxito entre adultos sugieren que en realidad los niños son mejores aprendices lingüísticos.

Los aprendices adultos pueden aprender a hablar como un nativo. La proporción de adultos que se convierten en hablantes nativos, o casi, de una segunda lengua es mucho menor que la proporción de niños que lo consiguen. En casi todos los casos, los niños tienen éxito, pero la proporción de adultos que tienen éxito en el aprendizaje de su L2 es similar a la que encontramos para otras habilidades, como puede ser llegar a estrella de baloncesto. Esto hace que su aprendizaje parezca «talento». La mayoría de nosotros podemos jugar con una pelota, muy pocos son incapaces de jugar con una pelota, pero muchos menos —menos del 3%— son buenísimos.

Uno de los errores de transferencia más marcados se produce en el sistema sonoro, cuando los aprendices de una L2 tienen «acento extranjero». Lo que ocurre es que utilizan las categorías de sonido de su L1 para producir e incluso entender palabras en el nuevo idioma. Con frecuencia no son capaces de reconocer un sonido en la segunda lengua que no exista en su primera lengua. Seguramente, todos hemos oído a alguien hablar con acento extranjero.

La diferencia no es categórica. Los niños que aprenden un idioma cometen errores de transferencia, y los adultos, errores en el desarrollo, pero la proporción de cada uno de ellos es muy diferente, lo que apoya la tesis que defiende que para los niños bilingües el aprendizaje de una segunda lengua se realiza en mucha menor medida a través de su primera lengua.

Además, no hay una edad a partir de la cual se pueda afirmar que nadie llega a un nivel nativo. Simplemente es muy poco habitual. Para la mayoría de nosotros, aprender una segunda lengua en el instituto o en la universidad resulta muy esforzado y no especialmente eficaz (ni lo disfrutamos). Nos resulta más provechoso, tanto de adolescentes como de adultos, si estamos inmersos en el ambiente de la segunda lengua (por ejemplo, si nos casamos con un hablante de otro idioma y nuestra vida se desarrolla en esa segunda lengua). Sin embargo, incluso tras cincuenta años de práctica, muchos aprendices de una segunda lengua parecen filtrarla «a través de» la primera.

Lo que parece quedar de relieve es que la distinción entre el aprendizaje de una primera lengua y de una segunda lengua juega un papel mucho más importante en adolescentes y adultos que en niños. Esta especia de habilidad universal para aprender una segunda lengua como un nativo parece conservarse en los niños hasta, aproximadamente, los seis años (aunque algunos adolescentes con los centros lingüísticos dañados conservan la capacidad de reciclar otras partes de su cerebro, otros no lo consiguen). Para aquellos que pueden usar sus técnicas de aprendizaje de una primera lengua, la segunda lengua puede llegar a ser tan buena, o mejor, que la primera, y para muchos la segunda lengua llega a convertirse en su idioma principal.

UNA PRECAUCIÓN ACERCA DEL APRENDIZAJE TEMPRANO
DE UNA SEGUNDA LENGUA

Si bien el aprendizaje de una segunda lengua parece más sencillo para los niños pequeños que para otros niños más mayores, o para los adultos, esto no significa que no les suponga un esfuerzo. La idea tan extendida de que «los niños absorben el lenguaje como las esponjas» no es demasiado precisa. Los educadores han señalado cuatro etapas por las que, en general, pasan los niños cuando se les intenta enseñar una segunda lengua, como por ejemplo cuando sus familias se trasladan a otro país.

En la primera etapa, los niños puede que intenten usar el idioma de su hogar, aunque rápidamente se dan cuenta de que eso no funcionará. En la segunda fase atraviesan lo que se conoce como «el periodo silencioso». No dicen mucho, aunque escuchan atentamente. En la tercera etapa, los niños aprenden unas cuantas frases hechas que utilizan siem-

103

pre que pueden. Las frases son las típicas que puedes encontrar en una guía de viajes: «¿Dónde está la piscina?», o «¿Puedo tener uno?». Para llegar al cuarto paso realizan un buen salto adelante, conocido como «uso productivo» de la segunda lengua. El calendario de estas etapas varía mucho de unas personas a otras. Puede que algunos niños estén en la primera fase cinco minutos, así que igual no te das cuenta. De la misma forma, algunos niños pasan por la segunda etapa tan rápido que ni te enteras, aunque puede que otros estén en silencio durante un año (un año es, probablemente, una excepción).

El habla de la tercera fase también puede sonar fluida, sobre todo si el acento del niño es bueno, como probablemente sea. «Yo, también», o «Qué pasa» son útiles para dar la impresión de que el niño entiende, por lo que la gente estará más dispuesta a hablar con él. Puede que construya frases como «Quiero + algo», «Quiero agua» funciona. «Quiero libro» no tanto, aunque sí para empezar. El primer discurso productivo del niño en su segundo idioma no va a ser perfecto, pero los estudios muestran que los niños bilingües, cuando llegan a adultos, casi nunca tienen acento y su gramática es muy buena. Incluso los niños que empezaron a aprender una segunda lengua un poco más tarde, entre los ocho y los doce años, rara vez suenan como hablantes no nativos. Conozco un montón de adultos que aprendieron inglés en su adolescencia, e incluso después, y suenan perfectamente «nativos», aunque las pruebas de laboratorio muestran que cuando a estos casi nativos se les fuerza a responder muy rápido, o realizar alguna acción compleja a la vez que hablan, cometerán más errores que los hablantes nativos. Aquellos que nos hemos convertido en casi nativos de adultos sabemos que hablamos peor cuando estamos cansados o emocionados (aunque a veces un poco de vino ayuda).

En el caso que nos ocupa, el aprendizaje de una primera lengua no se produce sin errores, o sin esfuerzo. Por un lado encontramos gente como Ana, que dice no acordarse de cuándo aprendió inglés, es como si siempre lo hubiera sabido. Como veremos en el capítulo 6, los niños que aprenden dos idiomas los mezclarán desde el principio, y puede que se dirijan a algunas personas en el idioma equivocado.

Pero esta situación no es permanente, y no es sinónimo de confusión o de un trastorno. Como sucede con los errores que se cometen al aprender una primera lengua, los errores bilingües son un aspecto saludable del desarrollo bilingüe, y muestran que el niño está yendo más allá de lo que sabe y está aumentando sus capacidades.

Aprender dos lenguas en el mismo plazo en que otros niños aprenden una

Por tanto, aprender dos lenguas no es facilísimo, pero tampoco demasiado difícil. La opinión general es que, para algunas funciones, aprender dos idiomas es más difícil que aprender solo uno, pero no el doble de difícil. Además, no crea una carga mayor, porque cada idioma aporta sus propios recursos cerebrales, así que hay más cantidad del cerebro dedicada al lenguaje que si solo aprendieras un idioma. El calendario de las etapas lingüísticas de un niño que vimos en el capítulo 2 es aplicable prácticamente sin variaciones para los bilingües, aunque a menudo un niño solamente será comparable a un monolingüe en una de sus lenguas, no en las dos. Existe una honda preocupación sobre el hecho de si aprender dos idiomas retrasará el cumplimiento de las etapas por parte del niño, así que dedicaré buena parte del capítulo 7 a tratar este asunto.

Un aspecto clave del debate entre el aprendizaje monolingüe y el bilingüe es si las dos lenguas de un bilingüe comparten recursos, o no. Si se comparten los sistemas, esto puede conducir a una cooperación (que haría más fácil aprender dos lenguas), o a una competición (que haría más difícil aprender dos lenguas). Si los recursos no son compartidos y son completamente independientes uno de otro, la segunda lengua duplica todo por sí misma. Si los idiomas compiten por el espacio, uno puede quedar excluido. Pero si los sistemas comparten recursos, entonces esos recursos «pasan» de un idioma a otro y no necesitan ser duplicados por la segunda lengua. Así, la segunda lengua no tiene ningún «coste». Si las lenguas son independientes una de otra, aprender dos idiomas puede ser el doble de costoso en cuanto a espacio y procesamiento, aunque no necesariamente más difícil.

El «umbral»

La cantidad de exposición que uno necesita para aprender un idioma cambia en función de cada nivel del lenguaje, es decir, es distinta para la gramática, el sistema sonoro y el vocabulario. Dentro del vocabulario, la cantidad de exposición necesaria para aprender una palabra cambia según lo complicada que sea: «mamífero» es más complicada que «perro»; «reinventar» es más difícil que «inventar». En consecuencia, no existe siempre la misma correspondencia entre la cantidad de exposición y la cantidad de aprendizaje ni en la primera, ni en la segunda lengua. Más bien se observa lo que parece ser un «umbral». Pasado ese punto, no importa que haya más exposición. A modo de ejemplo, si la masa crítica necesaria son diez exposiciones, entonces cinco serán menos provechosas que diez; pero si la palabra se aprende con diez exposiciones, entonces quince no serán más beneficiosas que diez. Para cada parte del lenguaje existirán distintos umbrales. Para aprender las palabras complejas será necesario un umbral más alto que para las sencillas. Las reglas para las frases del tipo: «El perro fue lavado por el niño», tendrán un umbral más alto que las reglas para la frase directa: «El niño lavó el perro».

Si no hubiera un umbral (o un mecanismo parecido), entonces el aprendizaje bilingüe sería sustractivo; es decir, un idioma tomaría recursos del otro. Por tanto, los niños con un 100% de experiencia lingüística en un idioma tendrían el doble de conocimiento de ese idioma que un niño que solo le dedicara el 50% de su aprendizaje al idioma. No parece que esto sea lo que ocurre. En vez de eso, es posible apreciar los umbrales o masa crítica en muchos aspectos del aprendizaje de un idioma. Los bilingües alcanzan el nivel «crítico» al mismo tiempo para las palabras y las estructuras sencillas, y solo van ligeramente retrasados en los aspectos más complejos del idioma.

Capacidad

Ya hemos visto cómo «crece» el cerebro. No añade células, sino que añade conexiones entre las células existentes. Y lo hace en respuesta a la estimulación. Sin estimulación no hay nuevas conexiones. Cuanta más estimulación, más conexiones. De modo que es posible que, en relación con los monolingües, los bilingües cuenten con más conexiones y recursos para el idioma extra.

Volviendo a la metáfora sobre el cerebro, desde la perspectiva de la estructura, el vocabulario en dos idiomas del niño puede acarrear un problema de espacio. Sin embargo, desde el el punto de vista del *software* manejar un vocabulario doble no sobrepasaría la flexibilidad de la capacidad de procesamiento tradicional. De la misma forma que puedes tener distintos programas que funcionan al mismo tiempo en un ordenador, la mente puede «hacer funcionar» distintas lenguas a la vez, y tiene diversas maneras de manejar los incrementos en la cantidad de datos almacenados.

Hemos visto previamente, y volveremos sobre ello en el capítulo 7, que es improbable que el vocabulario bilingüe tenga que ser el doble que el de un solo idioma. En cualquier caso, hay una enorme variabilidad en la cantidad habitual de vocabulario de una persona, calculada entre veinte mil y cien mil palabras. Este abanico tan amplio permitiría que la gente doblara su vocabulario sin exceder los límites normales.

Las palabras se aprenden, más o menos, de una en una y en su aprendizaje influye más la cantidad de exposición o tiempo total en cada idioma que en el aprendizaje de la gramática y la fonología, para las que la edad influye más que el tiempo dedicado. Como veremos en el capítulo 7, habitualmente los bilingües cuentan con vocabularios receptivos mucho más amplios que los de los monolingües, de modo que hay capacidad de almacenaje suficiente. Sin embargo, el esfuerzo para recuperar y después producir palabras parece ser costoso, así que el vocabulario para expresarse es, en general, «solo» el mismo que el de los monolingües, no más amplio, aunque sí lo son sus vocabularios receptivos. En consecuencia, el vocabulario expresivo de una u otra lengua es probable que sea menor que el de los niños monolingües en ese idioma. Sin embargo, al medir un solo vocabulario, no se tienen en cuenta el conocimiento especial del niño en el otro idioma.

«PALABRAS COMPLEJAS» O MORFOSINTÁXIS

Al referirme al vocabulario, no he hecho una distinción clara entre palabras en general y palabras complejas, es decir, aquellas que incluyen «porciones gramaticales». «Chicos» es «chico» (un niño varón) + «-s», que significa «más de uno». He evitado el término específico para estas «porciones gramaticales» que encontramos en las palabras complejas porque, en sí misma, la palabra es compleja y poco familiar: «morfosintaxis».

La morfosintaxis se sitúa a medio camino entre la gramática y el vocabulario, y es el mayor reto al que se enfrentan los aprendices de un idioma de cualquier edad, monolingües o bilingües. Por otra parte, no parece que contemos con la ayuda de un procesador especial para ayudarnos con ella. Para ciertos usos morfosintácticos existen reglas que consumen una pequeña cantidad de almacenamiento mental: si quieres construir un plural, añade «s». Sin embargo, a la vez existen algunas formas que son creadas por las reglas: las excepciones («anduve», no «andé»; «hecho», no «hacido»). Las reglas parecen formar parte de la sintaxis, pero las excepciones son parte del lexicón. «Cuesta» lo mismo almacenar una excepción que una palabra de vocabulario, aunque probablemente cueste más aprenderlas.

¿Cuánta exposición es suficiente?

Esta pregunta nos lleva a plantearnos cuánta aportación, porcentualmente, es suficiente para que los multilingües, cuya aportación se divide entre dos o más lenguas, alcancen el mismo nivel que los monolingües. ¿Cuánto es suficiente para que se sientan cómodos al utilizar un idioma? Ninguna de estas preguntas tiene una respuesta precisa. Aprender lo esencial de un idioma para hablarlo con fluidez lleva entre dos y tres años. El tiempo extra requerido para un segundo idioma no parece muy relevante para la fonología y la sintaxis, mientras que para el vocabulario y la morfosintaxis sí parece que se requieren más tiempo para dos idiomas, en comparación con solo uno. Sin embargo, la diferencia entre la necesidad de una persona para aprender dos lenguas, en contraposición con una lengua, no es por lo general mayor que la ya existente entre el desarrollo de las personas con una sola lengua. En el capítulo 4 veremos cuánto tiempo diario, o semanal, necesitará un bilingüe en cada idioma para sentirse cómodo como hablante de las dos.

¿Cuánto tiempo debes esperar?

Una de las decisiones más importantes para los padres que están pensando en educar a su hijo de forma bilingüe es si es más conveniente introducir los dos idiomas al mismo tiempo, o esperar a que uno de los idiomas esté bien asentado para introducir el segundo más tarde. Para esta pregunta no hay una única respuesta. Los niños se adaptan perfectamente a aprender un idioma tan pronto como les es posible. Por tanto, los padres que fomenten dos o más idiomas querrán aprovechar la buena disposición de sus hijos. Por otra parte, parece que los niños conservan su talento para aprender idiomas durante unos pocos años antes de dejar que el «córtex disponible» sea ocupado por otras funciones.

Los niños también olvidan mejor

Implícita en la pregunta de cuánto tiempo se debe esperar antes de introducir una segunda lengua está la pregunta contraria: «¿Cuándo podemos dejar de entrenar el primer idioma sin que el niño lo pierda?». Este es el contrapunto a la cuestión del periodo crítico, porque tan fácil como parece que los niños pueden aprender un idioma, lo pueden perder. La investigación sobre el aprendizaje de una primera lengua por parte de los niños muestra que los niños inmigrantes de más de nueve años no perderán los hábitos que tienen con la primera lengua al empezar con una nueva, mientras que los niños menores de nueve años cambiaron su idioma preferido solo un año después de empezar con el idioma mayoritaria. En el transcurso de tres años, para la mayoría de los niños más jóvenes, el nuevo idioma se volvió tan sólido, o más, que su primera lengua.

LAS MEJORES PRÁCTICAS

En mi opinión, basada en las observaciones anteriores, debes acudir a la escuela primaria con tu hijo, para apoyar a la primera lengua. Puedes (y debes) introducir la segunda lengua más pronto que tarde, pero si es posible, deberías continuar con la primera lengua después de introducir la segunda. Lo ideal es que el niño vaya a una escuela que imparta clase en los dos idiomas. En muchos países de la Unión Europea se están inaugurando nuevas escuelas primarias basadas en un modelo de enseñanza de lenguas extranjeras, donde los niños son escolarizados en varios idiomas a un tiempo. Además de los tradicionales colegios privados que ofrecen la posibilidad de estudiar únicamente en un idioma extranjero, en España cada vez más colegios e institutos públicos ofrecen una educación bilingüe o incluso trilingüe en muchas combinaciones de idiomas (castellano/inglés, euskera/castellano, castellano/francés, catalán/castellano/inglés, etc.).

Como veremos en los capítulos 5 y 7, a veces existen razones para esperar antes de introducir una segunda lengua. Deseamos poder convencerte de no esperar demasiado. Los niños tienen un talento especial para aprender idiomas, pero es cierto que ese talento desaparece.

Estrategias para promocionar el desarrollo lingüístico bilingüe de tu hijo

En el capítulo 2 examinamos las maneras en las que los padres pueden ayudar a sus hijos a aprender uno o varios idiomas. Las directrices que apunté en el capítulo 2 muestran diversas formas para mejorar vuestras interacciones y conseguir que apoyen de una manera efectiva los intentos de tu hijo por comunicarse. En el capítulo 3 hemos visto que, en muchos sentidos, para los niños más jóvenes la segunda lengua es como la primera. La diferencia reside en que, a diferencia de la segunda lengua, los niños necesitan hablar la primera lengua hasta cierto punto, tanto si los estimulas como si no. Tu mayor tarea al entrenarlos en una segunda lengua consiste en animar a los niños a utilizarla.

A continuación encontrarás un conjunto de directrices que, en ciertos aspectos, se solapan con las del capítulo 2. Por ejemplo, nunca se deberían ridiculizar los intentos del niño para hablar, en ningún idioma. Vuelvo a repetir esto aquí porque los errores de los niños al mezclar dos idiomas son aún más graciosos que los que cometen con un solo idioma, por lo que la tentación de reírse o tomarles el pelo puede ser mayor. Otra precaución que se repite tiene que ver con las estrategias para corregir los errores de tu hijo. Como ocurre con una lengua, la corrección indirecta, mediante reformulaciones y alargamientos de lo dicho por el niño es más efectiva que la explicación directa de la gramática. Sin embargo, de alguna forma la corrección y la explicación directa son más tentadoras para el adulto cuando se enseña una segunda lengua. Dado que, con frecuencia, los niños tienen un nivel más bajo en una de sus lenguas, puede que por un tiempo pienses que hablan como un niño pequeño. Los niños cometen errores que no te esperas en alguien de su edad. Puede que estés más pendiente y seas más impaciente con los errores de lo que estarías si el niño fuese más pequeño.

Las directrices de la Tabla 4 son específicas para los bilingües. Tienen relación con cómo establecer los hábitos lingüísticos que acomodarán más o menos por igual a las dos lenguas, y cómo estimular el mayor uso de la una o la otra. Sobre todo están dirigidas a dar consejo para el idioma más débil del niño. Los padres de nuevos inmigrantes o de niños procedentes de la adopción internacional que están aprendiendo el idioma de una nueva comunidad puede que quieran revisar las etapas del aprendizaje de una segunda lengua descritas anteriormente, para no malinterpretar el comportamiento de su hijo.

Tabla 4. Doce pasos para fomentar un desarrollo lingüístico bilingüe

Paso 1: *Sé coherente* Elige un patrón lingüístico y atente a él.
Paso 2: *Persiste con delicadeza* Recuérdales a los niños a menudo y de varias maneras lo bueno que es que aprendan dos idiomas.
Paso 3: *Haz que la segunda lengua sea especialmente gratificante* Haz un esfuerzo para que sea divertido utilizar la segunda lengua. Utiliza muchas canciones y movimientos. De vez en cuando, sírvete de premios tangibles, como libros nuevos, una visita especial, sus comidas favoritas. Recuerda: elogiar, elogiar, elogiar. Y repetir, repetir, repetir.
Paso 4: *Cuidado con castigar* Puedes probar con advertencias sutiles, como eliminar privilegios con la televisión, o diciendo: «Si esta noche no hablas alemán con la tía T., tu amigo Joey no viene al picnic de mañana». Pero cuidado con pasarte. A largo plazo, las amenazas se vuelven un arma de doble filo y hacen que el idioma no sea tan atractivo para el niño.
Paso 5: *Utiliza muchos recursos* Usa estos recursos tanto como fuentes primarias de entretenimiento para el niño (libros, audio, vídeos; bilingües o en el idioma que se esté enseñando) como para animarte (webs, listas de correo electrónico, o manuales [como este libro]).
Paso 6: *La clave reside en la interacción directa* Utiliza recursos, pero solo como apoyo. Céntrate en la interacción directa.
Paso 7: *No te rías de los errores de tu hijo* Nunca ridiculices los esfuerzos de un niño para hablar. Tampoco es conveniente reírse de lo mono que es cuando se equivoca.
Paso 8: *No le pidas al niño que «actúe» ante otros* No le pidas al niño que «actúe» en su segundo idioma. Muchos niños cuentan que eso es lo que menos les gusta de ser bilingües. Además, puede que cuestionen (no sin razón) tu estado mental cuando les pides que le hablen a alguien en un idioma que ese alguien no habla.

Paso 9: *No corrijas abiertamente*
Utiliza técnicas de corrección encubiertas. Intenta que haya fluidez, pero con corrección. Los niños tienen que mejorar. Los alargamientos y reformulaciones que funcionan para un idioma (véase el capítulo 2) también lo hacen para dos.

Paso 10: *Dales a los idiomas un contexto más amplio que simplemente tu núcleo familiar*
Relaciónate con familiares y amigos con hijos bilingües que comparten tus mismos objetivos.
Viaja. Contrata en tu hogar personal con otros idiomas y diles cómo quieres que interactúen con tu hijo, como parte de sus responsabilidades.
Propicia que os visiten hablantes monolingües del idioma que estás enseñando. Trata de encontrar hablantes de ese idioma más jóvenes, para que jueguen con tu hijo, preferiblemente monolingües. Si encuentras otros niños bilingües, trata de organizar las interacciones para fomentar conversaciones monolingües en la lengua minoritaria.
No te cierres a las interacciones con hablantes más mayores. Muchas veces a los jubilados agradecen enormemente la posibilidad de relacionarse con «nietos adoptivos».
Muéstrale a tu hijo que muchas otras personas hablan el idioma que quieres que aprenda.

Paso 11: *Aprovéchate de la educación bilingüe*
Busca y apoya la escolarización bilingüe.

Paso 12: *Sírvete de apoyos secundarios*
Busca campamentos de idiomas, grupos de juego, música, o artísticos en la lengua minoritaria.
Si decides organizar un juegos, o quedadas, con otros niños consulta las webs de familias bilingües al final del libro. Comienza los encuentros con una bienvenida en la lengua minoritaria y utiliza canciones y juegos para que los niños se animen a comunicarse en ese idioma. Puede que tengas que ser la «monolingüe del grupo».
Aprovéchate de estos apoyos secundarios, pero que no sean tu única prioridad.

Por último, debes estar dispuesto a pedir ayuda. En el capítulo 6 veremos cuáles son las señales que indican un posible problema lingüístico (en una o dos lenguas) y qué preguntar a los profesionales.

CAPÍTULO 4

Cómo crear un entorno bilingüe

En el capítulo 2 tratamos el desarrollo lingüístico en general. Todo lo que vimos sobre el aprendizaje de un idioma es válido para el aprendizaje de dos (o más) lenguas. Lo cierto es que, como padres, no enseñáis el idioma a vuestros hijos, sino que creáis las condiciones propicias para que las dos lenguas se desarrollen. En este capítulo analizaremos las estrategias que podéis utilizar para crear un entorno propicio para que vuestro hijo aprenda una segunda (o tercera) lengua.

La clave para educar a un hijo bilingüe reside en que el niño quiera hablar los dos idiomas. Los padres crean un espacio para la lengua minoritaria en las vidas de sus hijos, y hacen que esta resulte útil y atractiva para los niños. La lengua mayoritaria ya le resulta atractiva al niño. En general, los niños sanos aprenden la lengua mayoritaria de su comunidad, incluso cuando sus padres no lo hacen. Sin embargo, las familias deben realizar un esfuerzo especial para que ambas «crezcan», la mayoritaria y la otra.

En el presente capítulo me refiero a las diferentes estrategias de los padres que han tenido éxito al educar a sus hijos de forma bilingüe. Asimismo, consideraremos algunas situaciones y actitudes que han impedido que algunos niños hayan aprendido dos idiomas. Al final del capítulo examinaremos la manera en la que puedes aplicar estos conocimientos en tu familia. Haremos hincapié en que resulta difícil crear solo por ti mismo un entorno bilingüe para tu hijo, así que recomendaremos aprovecharte de recursos y personas que pueden serte de ayuda. Posteriormente, en el capítulo 5, veremos los testimonios de padres que han llevado a cabo estas directrices y, además, analizaremos por qué dichas estrategias les dieron resultado y cómo puedes utilizarlas en tu caso. Al tiempo que lees este capítulo me gustaría que consideraras dónde oirán y usarán sus idiomas tus hijos y qué otros recursos tienes a tu disposición para extender su uso más allá del núcleo familiar.

Sobre todo trataremos las distintas opciones para reforzar la lengua minoritaria, porque es el caso más difícil. Sin embargo, estas mismas directrices sirven para un niño que esté aprendiendo el idioma de una nueva comunidad, como el caso de alguien que se traslada a un nuevo país.

La base de una familia bilingüe: organizar tu hogar

Si no juegas a la lotería, nunca ganarás. Del mismo modo, si no creas un entorno bilingüe en el hogar, o en el colegio, no tendrás un hijo bilingüe. Por suerte, las probabilidades de que un niño sea bilingüe no son las mismas que las de ganar la lotería. Si hay dos idiomas que forman parte importante de tu vida, es muy posible que también lo sean de la de tu hijo. Pero si vosotros, los padres, no las usáis activamente a diario, entonces debéis realizar un esfuerzo consciente para educar a vuestro hijo de forma bilingüe. No es difícil, pero normalmente no funciona por sí mismo. Debes querer que suceda y creer que tus acciones tendrán efecto.

Las probabilidades de que un niño sea bilingüe, ¿3 a 1?

Una reciente encuesta con cien participantes en un chat de Internet para familias bilingües en Europa nos da una pequeña idea del éxito de las familias al educar a sus hijos de forma bilingüe en países mayormente monolingües. Incluso en este grupo especialmente seleccionado, el porcentaje total de niños cuyos padres los consideraban bilingües activos era del 80%. Entre los niños de siete a once años, el porcentaje se acercaba más al 60%. Por tanto, solo entre el 60 y el 80% eran bilingües activos, y entre el 20 y el 40% eran descritos por sus padres como bilingües pasivos. Asimismo, en un estudio realizado entre 18 000 belgas, 2 250 reconocieron hablar más de un idioma en su hogar, pero solo el 75% (tres de cada cuatro) tenían hijos que también eran bilingües.

Por tanto, la cuestión es si hay que ver el vaso de las expectativas de los padres «medio lleno» o «medio vacío». Puedes ver el vaso medio lleno y decir: «Está bien, tres de cada cuatro niños se convierten en bilingües en sus hogares». O puedes ver el vaso medio vacío y plantearte: «Vaya, uno de cada cuatro —el 25%— niños de hogares bilingües no se convierte en bilingüe. ¿Por qué no?». Dado que el 75% de los niños en la encuesta eran bilingües, podemos deducir que no hace falta ser una familia excepcional para educar a un hijo bilingüe. De hecho, la mayoría de los participantes en la encuesta lo había logrado. Aunque también podemos hacer el razonamiento contrario: no es una excepción el niño que en un hogar bilingüe no llega a ser bilingüe.

¿Qué hace falta para que un niño se convierta en bilingüe?

Como ponen de manifiesto estos estudios, vivir en un entorno bilingüe no garantiza que una persona, incluso un niño, se convierta en bilingüe. Como señalamos antes, no es muy complicado, pero requiere esfuerzo. No ocurre por sí mismo. No importa qué estrategia sigas o quién hable los idiomas con el niño, estos son los requisitos fundamentales: el niño debe «estar motivado» por la lengua minoritaria y tener «la oportunidad» de hablarla. Los padres tienen que encontrar la manera de darles a los niños:

— Suficientes razones para que quieran hablar la lengua minoritaria.
— Oportunidades de tener suficientes interacciones con hablantes de esa lengua para que puedan aprenderla.

Debes:

— Buscar buenos recursos para las dos lenguas.
— Utilizarlos o contratar a alguien para que los use con el niño.
— «Venderles» a tus hijos los beneficios de hablar dos idiomas.

Tienes que intentar ver la segunda lengua desde el punto de vista de tu hijo, no desde el tuyo. No puedes asumir que tu deseo de utilizar el idioma se va a trasladar automáticamente a tu hijo. Aunque sea habitual que los niños imiten las actitudes de los padres y traten de agradarlos, en el mundo del niño, desde su punto de vista. ¿Cómo conseguirás que la segunda lengua le parezca atractiva e imprescindible a tu hijo, es decir, que con el tiempo se convierta en su propio objetivo?

Las estrategias más comunes en el hogar

Tu elección de la estrategia para el hogar dependerá de tus objetivos y de los recursos lingüísticos que tengas. A continuación vamos a presentar las estrategias lingüísticas más importantes y a describir cómo funcionan. Al final del capítulo encontrarás una Encuesta personal de recursos lingüísticos que te ayudará a decidir qué opciones son las mejores en tu caso. Te anticipo que, en general, no hay un método mejor o peor que los otros. Solamente funcionan mejor o peor dependiendo de las circunstancias.

Los nombres de las estrategias[1] más comunes son:

— One Parent One Language —OPOL— (Un padre, un idioma).
— Minority Language at Home —mL@H— (Idioma minoritario en el hogar).
— «Time and Place» —T&P— («Tiempo y lugar»).
— Mixed Language Policy —MLP— (Estrategia lingüística combinada).

Las directrices que encontrarás seguidamente hay que seguirlas, pero con flexibilidad. Es importante ser coherente, pero no debemos ser rígidos. Es habitual que, de tanto en tanto, las familias cambien de estrategia, sobre todo cuando las circunstancias cambian, o cuando las cosas no van como desearían.

One Parent One Language —OPOL— (Un padre, un idioma)

En la estrategia OPOL, un padre siempre le habla a su hijo en un idioma, y el otro padre siempre le habla en un idioma distinto. Con más frecuencia, ambos padres hablan su lengua materna con el niño, pero en una versión conjunta de este método, bien la madre o el padre pueden hablar la lengua minoritaria, mientras que el otro habla la lengua de la comunidad, aunque no sea su lengua materna. Si cada uno de los padres habla una lengua materna distinta, el niño puede estar expuesto a dos lenguas minoritarias en el hogar más una tercera, la lengua de la comunidad.

En este modelo, los padres deben decidir qué idioma utilizar entre ellos y cómo arreglárselas cuando están juntos con el niño. Puede que te plantees cómo pueden tener las familias conversaciones a tres bandas con cada uno habla un idioma distinto. Cuesta imaginar cómo se dirigirá el niño a los padres, sin dirigirse explícitamente a ninguno de ellos. George Saunders (cuyo testimonio refiero en el capítulo 5)

---

[1] La primera vez que aparecen, los nombres de las estrategias propuestas se han traducido al español, pero a lo largo del texto se han mantenido sus siglas en inglés por ser las internacionalmente aceptadas *(N. del T.)*.

detalla el plan adoptado por sus hijos, que aprenden alemán e inglés, para manejar esta situación: llaman a un padre por su nombre y le hablan en el idioma de ese padre, con cuidado de que el otro padre lo oiga. Si hay que dirigir una pregunta al otro padre, los niños cambian de idioma para realizarla. Este sistema les funciona, pero no olvidemos que cada familia desarrolla su propio plan.

El OPOL es el sistema, documentado, más antiguo que conocemos, y sigue estando de moda, sobre todo en Europa y Canadá. Mucha gente opina que es la manera más fácil de que el niño separe los idiomas: el francés es «el idioma de papá», y el japonés es «el idioma de mamá». Los niños parecen aceptar esta regla muy bien, y a veces incluso la aplican con más coherencia que los padres.

Minority Language at Home —mL@H— (Idioma minoritario en el hogar)

El mL@H consiste en que todos hablan la lengua minoritaria en el hogar. Lógicamente, esto solo es posible si todos pueden hablar con fluidez la lengua minoritaria. Si los padres son bilingües, casi siempre eligen hablar la lengua minoritaria en casa y la mayoritaria fuera de ella. Los niños saben que cruzar el umbral es la señal para cambiar a la lengua minoritaria.

Durante muchos años, mL@H «cayó en desgracia», pero recientemente se ha vuelto cada vez más común. Le permite al niño un mayor contacto con la lengua minoritaria del que proporciona el OPOL. Las personas que usan este método nos han contado que, además, los niños son muy capaces de tener en cuenta «el lugar» (en vez de «la persona») para mantener sus idiomas separados. Los niños parecen muy cómodos al hablar dos idiomas diferentes con la misma persona en dos contextos distintos.

«Time and Place» —T&P— («Tiempo y lugar»)

La tercera «estrategia» es conocida como el método «Time and Place» (T&P). Con frecuencia, los programas de los colegios bilingües se organizan siguiendo estas directrices. Consiste en que cambian de idioma según el tiempo y el lugar: por la mañana, la lengua minoritaria; por la tarde, la lengua mayoritaria; una semana, conocimiento del medio en inglés, y la siguiente semana, en español, normalmente en un aula distinta, para alternar ambas variables. Esta estrategia no siempre describe la rutina diaria familiar, sino más bien lo que ocurre cuando salen de esa rutina. Por ejemplo, una familia que practica OPOL puede que decida hacerlo solo entre semana, y cambiar al mL@H los fines de semana. Puede que la familia viaje a otro lugar o reciba la visita de un hablante de la lengua minoritaria. Otras familias cuentan que siguen ciclos anuales: mL@H durante nueve meses al año; luego, durante tres meses, un cambio total a la lengua minoritaria, dentro y fuera del hogar, a menudo durante un viaje a un país donde ese idioma es el comunitario.

Cuando los padres se plantean un cambio de estrategia, es decir, un cambio radical en la rutina del hogar, T&P puede ser de gran ayuda para realizar la transición. Por ejemplo, una familia OPOL pasa un año en otro país, y cuando regresan, se cambian al mL@H.

Mixed Language Policy —MLP— (Estrategia lingüística combinada)

Esta es la estrategia más común en muchas partes del mundo (por ejemplo en Miami, donde residí muchos años). Hasta donde yo sé, no está asociada con ninguna técnica especial. Los padres utilizan el idioma que mejor se adapta al tema o la situación. Se responde en el idioma que la otra persona ha utilizado, o puedes sacar un tema en cualquiera de los idiomas. Algunas personas van cambiando entre modos monolingües dependiendo del tema. Pueden hablar con sus hijos sobre la escuela en el idioma de la escuela, pero luego cambian al idioma familiar para preparar una fiesta, y luego vuelven al idioma comunitario para hablar de un partido. En cambio, otros usan ambos idiomas cada vez que hablan, y así animan a sus hijos a utilizar el «modo bilingüe» desde el principio. Para muchos padres, cambiar entre idiomas es «un comportamiento natural». Si dejaran de hacerlo únicamente por sus hijos, no se sentirían cómodos.

Incluso la gente que utiliza alguna de las otras estrategias admite que «cambian de código como locos» de un idioma a otro. Unos pocos padres reconocieron que acabaron utilizando el MLP tras empezar con otro sistema. Estoy convencida de que para mucha gente en todo el mundo el MLP funciona. Sin embargo, no recomiendo esta estrategia para las familias que eligen conscientemente educar a sus hijos de forma bilingüe. El MLP no especifica un espacio y un tiempo para la lengua minoritaria. Detengámonos por un momento en los movimientos para la «revitalización lingüística». Por ejemplo, en lugares como Hawái y Gales se pelea para volver a dar uso a las lenguas minoritarias en peligro. En esos países, las autoridades tienen la precaución de no poner la lengua minoritaria a competir con la mayoritaria, sino que lo que intentan es reservar algunas tareas de la vida diaria para la lengua minoritaria.

Si de mí dependiera y hubiese un idioma que significase muchísimo para mí y quisiese que mis hijos lo aprendieran, me aseguraría de darle todas las ventajas posibles. De hecho, seguiría el consejo de los encargados de la revitalización lingüística y reservaría la mayor cantidad posible de actividades solo para la lengua minoritaria, por ejemplo los cuentos antes de dormir, la música y los vídeos. Me gustaría poder decir que hice todo lo posible para superar las tentaciones que conducen a los niños hacia la lengua mayoritaria. Como veremos en el capítulo 7, los niños apenas se benefician de hacer los deberes en casa en el idioma mayoritario, sobre todo si los niños están escolarizados en ella parte del día desde el jardín de infancia. Si tu hogar puede ser un fortín para tu idioma, yo intentaría que lo fuera.

En definitiva, estas son las cuatro opciones principales con las que cuentan los padres. O bien hay quien inventa sus propios sistemas, o quien los combina a su manera. Recientemente, una encuesta de la sociolingüista Annick de Houwer puso de manifiesto que los hogares en los que ambos progenitores hablan solo la lengua minoritaria (mL@H) tienen más posibilidades de tener hijos bilingües activos que aquellos en los que solo uno de ellos, o ninguno, habla la lengua minoritaria. Sin embargo, existen otras muchas razones para escoger otra manera de organizarse, es decir, la que mejor se adapte a tus objetivos y a tus recursos. Lo que sabes gracias a la experiencia de muchísimas familias del mundo entero es que todas estas estrategias pueden funcionar, si conseguimos que funcionen.

Casos especiales

¿Qué ocurre si no hablas dos idiomas, o no hablas un segundo idioma lo suficientemente bien como para sentirte cómodo con él como padre?

Como veremos en el capítulo 5, tú no tienes que ser la fuente del idioma minoritario para tu hijo. Existen otras maneras de exponerlo a él. En resumen, un padre es una de las fuentes más fiables y cómodas del idioma minoritario, pero de ningún modo la única.

¿Qué pasa si no hablo un idioma tan bien como un nativo? ¿También puedo utilizar alguna de estas estrategias?

¡Sí! He oído a padres a quienes les gustaría hablar a sus hijos en un idioma que para ellos es su segunda lengua, pero se plantean si deberían hacerlo. Tienen miedo de transferir sus errores y su acento a sus hijos. No hay ningún indicio de que el idioma de un niño se deteriore porque los padres no sean nativos. De hecho, los hablantes no nativos pueden tener más éxito que los padres nativos. Las personas que se sienten un poco inseguras de su capacidad lingüística pueden ser más activas a la hora de relacionarse con hablantes nativos para que ellas y sus hijos interactúen con ellos. En mi opinión, siempre y cuando desees hacerlo y tengas la suficiente fluidez en el idioma, la oportunidad extra de practicar la lengua minoritaria que les das a tus hijos es más importante que el posible inconveniente de que tus hijos cometan los mismos errores que tú. Las experiencias que puedes leer en este libro de padres que lo han logrado demuestran que, de hecho, usar un idioma en el que eres no nativo con tu hijo funciona.

Por otra parte, los hablantes del idioma mayoritario comparten muchas de las emociones sobre el hecho de querer utilizar su propio idioma para educar a sus hijos. La clave reside en que si quieres utilizar el idioma del que no eres hablante nativo, no hay ningún motivo para no hacerlo. Muchos de los padres que colaboraron en este libro eran hablantes no nativos del idioma que hablaban con sus hijos. Al principio se mostraban reticentes. Se preguntaban si sabrían las suficientes palabras, si serían capaces de llevarlo a cabo, si alguna vez les saldría de forma natural. Todos respondieron que «sí».

El nivel de la gente que participó en la encuesta iba desde quien había vivido diez años en el extranjero a Martin, que solo estudió dos años de yidis en la universidad. Como reconoció Janette, de Wisconsin: «No vamos a tener que entregar una tesis en ese idioma, lo que tienes que hacer es decirle a tu hijo que se ponga los zapatos, y que se beba el zumo». Si te sientes inseguro, también puedes leer los libros de padres que escribieron sobre su experiencia, por ejemplo los de George Saunders, Jane Merrill, o Jameelah Muhammed, que encontrarás en la bibliografía.

La clave para el desarrollo lingüístico de hijos de hablantes no nativos, como para todos los niños, consiste en contar con un rico entorno lingüístico con una estimulación variada y una atmósfera propicia en la que a los niños se les anime a expresarse y en la que se valoren sus palabras e ideas.

¿Y si tu pareja no habla el otro idioma?

En muchas parejas, solo uno de los padres habla un segundo idioma, y temen que el otro se sienta excluido. ¿Está tu pareja, que no habla tu idioma dispuesta aprender algo a la vez que el niño? En muchos casos ocurre de forma automática, pero en la encuesta que mencionamos antes quedó de manifiesto que, en particular, los padres (varones) monolingües estaban menos dispuestos a ello. Si solo uno de los padres habla un idioma diferente, sois, en definitiva, un hogar OPOL. Los niños aprenderán ambos idiomas según el tiempo que pasen con cada padre.

Sin embargo, si un padre no entiende el idioma en el que el otro padre le habla al niño, puede que, si no se hace con cuidado, llegue a ser incómodo para todos. ¿Qué puedes hacer para que no se sienta excluido? Cada caso debe ser considerado de forma individual. Por ejemplo, la lengua materna de Aviva es el inglés, pero vive en Israel con Ben, su marido, que sabe poco inglés. Ben se mostraba reacio a educar a su hijo en inglés y hebreo porque él no les entendería cuando hablaran en inglés. Aviva se comprometió a no tener secretos con su hijo en inglés. Ella habla más en inglés con sus cuatro hijos cuando él no está presente, pero si Ben está delante, Aviva intenta que alguien le traduzca la conversación para mantenerle al tanto. Más o menos les ha funcionado, y además el inglés de Ben ha mejorado. Resulta algo más complicado cuando la familia de Aviva, de Estados Unidos, los visita, porque tienden a hablar más rápido y todos a la vez, por lo que a Ben le resulta más difícil seguir la conversación. ¡Aunque esto también puede ocurrir cuando no hay una diferencia lingüística! (En mi casa, a mi marido, del sur de Estados Unidos, no le resulta fácil seguir la conversación con mis familiares neoyorquinos).

¿CÓMO PROCEDER CUANDO TENGAS INVITADOS EN CASA?

En general, la decisión dependerá de los idiomas que hable el invitado, de quién sea el invitado y, además, de cuánto tiempo se quede. Siempre que sea posible, los padres prefieren continuar con el idioma «adecuado» para el niño, por lo que los invitados que hablan la lengua minoritaria suponen una bendición.

Puede que te tiente la posibilidad de cambiar a la lengua mayoritaria de tu visitante monolingüe cuando les hablas a tus hijos delante de él porque «es solo por un breve periodo de tiempo». Sin embargo, no olvides que algunos visitantes de fuera pueden quedarse durante más tiempo. Incluso las visitas de amigos de la misma ciudad pueden convertirse en habituales, por lo que tu decisión debería servir para los periodos breves y para los más prolongados.

Puede que los padres hablen con sus invitados en un idioma, pero como ocurre en el OPOL, se dirijan a sus hijos en su idioma habitual. Es posible que los niños acaben por oír más el idioma del invitado, aunque cuando no tomen parte en largas conversaciones, pueden seguir con su estrategia lingüística habitual. De hecho, los niños pueden contestar al invitado en su idioma, pero continuar dirigiéndose a sus padres en la lengua minoritaria.

¿Qué estrategia seguir en presencia de otros niños?

Cuando hay otros niños en casa, padres e hijos están tentados de cambiar a la lengua mayoritaria, aunque por lo general no es necesario. Aned, madre de dos hijos educado en español e inglés, en Miami, se siente cómoda hablándoles a sus hijos en español cuando hay amigos anglohablantes de sus hijos de visita. Ella les habla a sus hijos en español, pero traduce, o le pide a uno de sus hijos que traduzca a su amigo lo que ha dicho. En el lado opuesto, los Guerlin, de Santa Fe, (caso 2 del capítulo 5) decidieron que el padre se dirigiera a su hijo, en su infancia, en inglés cuando había amigos presentes, para que no se sintieran excluidos.

En la mayoría de los casos, los niños (como los adultos) son capaces de «calibrar su respuesta» en modo monolingüe, o bilingüe, según lo requiera la situación.

¿Qué ocurre si queremos cambiar el idioma en el que nos hablamos?

Lo más sencillo es seguir con el idioma que estuvieras utilizando, pero el nacimiento de un niño también puede ser una oportunidad de cambiar. El mejor momento para realizar el cambio es cuando nos estamos preparando para recibir al bebé. Los participantes de las encuestas señalan que les costó entre cuatro y seis semanas «adaptarse» al cambio. Durante ese tiempo tuvieron que recordárselo a sí mismos y perseverar cuando se les hacía raro. Sin embargo, después de aproximadamente seis semanas, si llegaron hasta ese punto, se olvidaron de que antes utilizaban otro idioma entre ellos.

¿SER UN BILINGÜE PASIVO ES UNA ETAPA PARA CONVERTIRSE EN BILINGÜE ACTIVO?

Las investigaciones que hemos reseñado indican que los niños que viven en un entorno bilingüe no se convierten automáticamente en bilingües activos. Muchos son bilingües «pasivos»: entienden el segundo idioma, pero no lo hablan. Por lo general, ser un bilingüe pasivo no es un paso imprescindible para llegar a ser un bilingüe activo. Un bilingüe pasivo que quiere empezar a hablar la segunda lengua necesita plantearse las mismas estrategias, igual que hace un monolingüe para ser un bilingüe activo. Por otra parte, debemos recordar que entender una segunda lengua no es nada desdeñable. Ayudará a tus hijos a no encontrarse perdidos si, por ejemplo, visitas a familiares en otro país. Entender el idioma es un primer paso para convertirse en un bilingüe activo en el futuro.

Factores que inciden en que el niño se convierta en bilingüe activo

Exposición, exposición, exposición

De todos los factores que inciden en el desarrollo general de una segunda lengua, por ejemplo, una actitud positiva, un uso frecuente, o un determinado estatus, el tiempo que se dedica a interactuar con otras personas en ese idioma es el más importante para aprenderlo y usarlo. Sin interacción con otras personas, no hay aprendizaje. Sin una interacción suficiente, se puede aprender, pero los niños no alcanzarán el nivel suficiente como para sentirse cómodos en ese idioma y querer usarlo. En un estudio sobre la infancia que realizamos en la Universidad de Miami nos dimos cuenta de que, en un entorno lingüístico propicio, un niño necesita un mínimo del 20% de las horas que está despierto (apenas dieciséis horas a la semana), como mínimo, para aprender una lengua minoritaria. Con menos tiempo semanal, aprendían palabras y frases, pero no podían construir sus propias frases en ese idioma.

El ciclo de aporte

La cantidad de tiempo dedicada a un idioma y la capacidad de hablarlo están íntimamente relacionadas. Cuando una se incrementa, también lo hace la otra. Cuando el niño habla en la lengua minoritaria, realiza un aporte hacia ese idioma, de modo que el ciclo se regenera. Un mayor aporte lingüístico lleva a un mayor dominio, que revierte en un mayor uso, que a su vez lleva a un mayor aporte, y el ciclo continúa. Por otra parte, si el niño no utiliza la lengua minoritaria, por lógica estará hablando en otro idioma y obteniendo menos exposición a la lengua minoritaria, lo que lleva a un menor dominio, lo que revierte en un menor uso, y eso conduce a un todavía menor aporte en ese idioma, y así sucesivamente.

¿Qué quiero dar a entender con el «aporte»? Con este término me refiero a la cantidad de habla dirigida al niño, que el propio niño recoge como «materia prima» para la producción de su propio idioma, para su Dispositivo de Adquisición del Lenguaje, DAL, como vimos en el capítulo 2. Los nuevos estudios realizados con un aparato de grabación llamado «LENA», que permite una grabación electrónica total del habla del niño y su entorno lingüístico, ponen de manifiesto que el idioma «de fondo» no supone un aporte efectivo. Solamente cuando respondes directamente a lo que dice tu hijo y le animas a que te responda estás consiguiendo un aporte provechoso. Al seguir la iniciativa de tu hijo, tienes en cuenta el nivel de tu hijo. Captas su atención y favoreces una mayor interacción.

Otros factores

A pesar de todo, este sistema no está aislado. Las actitudes, el estatus local e internacional del idioma y otras circunstancias sociales también juegan un papel importante en la cantidad de aporte transmitido y en la cantidad recogida por el niño.

LA RELACIÓN ENTRE ACTITUDES Y USO

Por sí mismo, un idioma solo resulta interesante a los lingüistas (¡como yo!). Lo que hace que un idioma sea interesante para la gente es quién lo habla y qué dicen. ¿Hay niños, con quienes tus hijos quieren jugar, hablando ese idioma? ¿Conoces en él canciones que tus hijos disfrutarán cantando contigo? ¿Reacciona la gente favorablemente cuando te oye hablar en ese idioma, e incluso comenta lo impresionados que están? Cuando los niños sienten que su idioma es especial (pero no «raro»), su actitud positiva los anima a usarlo, y el uso extra alimenta el ciclo del aporte y lo hace más efectivo. Pero si los padres, hermanos, u otros allegados tienen una actitud negativa hacia el idioma —si, por ejemplo, piensan que la gente que lo habla es retrasada o estúpida, o si otros se cachondean de ello—, eso restará valor, llevará a un menor entusiasmo para hablar ese idioma, reducirá el aporte, empeorará la capacidad de hablarlo, etcétera.

En algunos casos, solo la cantidad de aporte marcará la diferencia entre usar dos idiomas activamente, o no, aunque esto no explica el 100% de la historia. Por ejemplo, en un reciente estudio belga realizado con trilingües, los patrones lingüísticos de los padres supusieron el 84% de los patrones lingüísticos de los niños. Es un porcentaje elevado, pero aún hay margen para que las actitudes, los valores y las circunstancias sociales influyan en las elecciones lingüísticas de los niños.

129

El idioma minoritario resulta más difícil

En términos prácticos, la cantidad de aporte disponible es más importante para la lengua minoritaria. Las investigaciones han mostrado que, para llegar al mismo nivel, los niños necesitan más exposición a la lengua minoritaria que a la mayoritaria. Parte de este desequilibrio puede que proceda de la presencia en segundo plano del idioma dominante a través de la televisión, los vecinos, los anuncios, etc. Además, también es muy importante la atracción natural que el niño siente por la cultura de la lengua mayoritaria.

La lengua mayoritaria tiene un especial valor para el niño, tal vez más que para sus padres. El idioma mayoritario marca su vida social; es su nexo de unión con su grupo de amigos y con la cultura popular que le ayuda a integrarse en ese grupo. La lengua mayoritaria cuenta con la fuerza de los medios de comunicación, los colegios y los anuncios, es decir, para el David de la lengua minoritaria, es como el gigante Goliat.

Este desequilibrio no se produce solo con los idiomas más extendidos, como el inglés, u otro idioma global. Los idiomas «más pequeños» se ven eclipsados en todo el mundo. Aunque existe una variedad de unos seis mil idiomas, en proporción muy pocas de ellas son habladas con profusión. El 40% de la población mundial habla uno (o más) de los ocho idiomas más importantes; otro 40% de personas habla una o más de otras setenta y cinco lenguas. El restante 20% se reparte las otras seis mil lenguas. El cambio en favor de las lenguas mayoritarias es muy marcado y ha sido bien documentado por los geógrafos lingüísticos. La firmeza de este «cambio lingüístico» complica el trabajo de los padres que quieren educar a sus hijos de forma bilingüe en todo el mundo. En los lugares donde dos idiomas se usan indistintamente, la lengua más local está perdiendo sitio, excepto en aquellos sitios, como Hawái y Gales en los que se dan pasos para que eso no ocurra.

El proceso del cambio lingüístico no siempre es evidente. Por ejemplo, encontramos que, en Miami, la comunidad hispanohablante parece aumentar, y la gente no se da cuenta de que incluso allí está disminuyendo. Muchas investigaciones han puesto de manifiesto que, en

Miami, los hijos de inmigrantes tienen menos posibilidades de llegar a hablar español con fluidez que los hijos de inmigrantes de generaciones anteriores en otros lugares de Estados Unidos. Simplemente parece que el idioma florece porque hay gran cantidad de nuevos inmigrantes que la traen con ellos. Sin un esfuerzo compartido por parte de los padres, con frecuencia el español no se transmite a la siguiente generación. Teniendo en cuenta que no es consciente de la posibilidad de perderlo, no toman las medidas necesarias para revertir esta situación. Como veremos en el testimonio 4, situado en un área muy hispanizada del sur de Florida, la falta de conciencia puede dificultar la educación de un niño bilingüe, incluso con tantos recursos lingüísticos.

TODOS LOS IDIOMAS SE PUEDEN APRENDER

Como acabamos de ver, las circunstancias inciden en la dificultad para aprender un idioma, aunque la dificultad no depende del idioma. Todos ellos son igual de fáciles o difíciles, y cualquiera de ellos puede ser aprendido por los niños. Desde el punto de vista de un adulto, algunos idiomas pueden dar la impresión de parecerse más al nuestro, y nos parecerán más fáciles. El Departamento de idiomas extranjeros del gobierno de Estados Unidos ha realizado cálculos para saber cuántas horas de enseñanza necesita un estadounidense para aprender distintos idiomas. Asigna más horas para el ruso que para el español, y más para el chino que para el ruso. Sin embargo, esto no ocurre con los niños. Todos los idiomas son igual de aprendibles por los niños. Tu idioma materno no es «genéticamente» más fácil que cualquier otro. Lo que importa es qué idioma se habla en tu entorno. Si tus padres son coreanos, pero te adoptan unos australianos, el inglés te resultará tan fácil y natural como el griego si hubieses nacido en Grecia.

Según mis investigaciones, las características del niño no influyen en el aprendizaje simultáneo de dos lenguas, más allá de aquellas que también afectan al aprendizaje monolingüe de la primera lengua, como los problemas auditivos, el retraso mental, el autismo, etc. Los rasgos de la personalidad son irrelevantes. Todos los niños, los que aprenden rápido y los que no, los que son muy tímidos y los que no, los que tienen facilidad para los idiomas, o les gustan los juegos de palabras, o no, aprenden su lengua materna. Las diferencias individuales pueden ser relevantes cuando los candidatos a ser bilingües se van haciendo mayores, pero entonces ya no son niños bilingües. Del mismo modo que conseguimos un aprendizaje universal de nuestra lengua materna, no conozco el caso de ningún niño sano incapaz de aprender dos o más idiomas cuando ambos son imprescindibles.

Es más, una segunda lengua, es decir, un idioma aprendido después de que la lengua materna esté asentada, solo se aprende si las expectativas son altas. En el capítulo 3 vimos que el aprendizaje de una segunda lengua no siempre les resulta a los niños pequeños tan sencillo y automático como tradicionalmente se pensaba. Sin embargo, no conozco ningún caso de unos niños con «motivación y oportunidades» que no hayan conseguido aprender una segunda lengua, incluso aquellos a quienes se considera con «necesidades especiales».

Por ejemplo, en un estudio sobre la vocalización infantil de la Universidad de Miami, dos niños de un grupo de niños con síndrome de Down estaban creciendo con dos idiomas en su hogar. Tener síndrome de Down afecta al desarrollo lingüístico de los niños. Su articulación es mucho más pobre, su vocabulario más reducido y su gramática más simple. Por lo general, van algunos años retrasados respecto a lo que correspondería a su edad, y puede que nunca lleguen a completar su aprendizaje. Sin embargo, en sus hogares, estos niños con síndrome de Down estaban aprendiendo dos idiomas al nivel que esperaríamos que aprendieran un idioma. De hecho, podían interactuar tanto con familiares y amigos de la familia hablantes de español como de inglés.

En el capítulo 6 describiremos cómo evaluar si abandonar el segundo idioma podría mejorar una situación difícil para un niño con necesidades especiales, pero hasta el momento no hemos podido definir las circunstancias que excluyan automáticamente a un niño de aprender una segunda lengua.

ESTATUS SOCIAL Y MATERIALES DE APOYO

Decíamos que no hay nada en un idioma que lo haga más o menos aprendible; sin embargo, su estatus tiene gran importancia sobre lo atractiva que resulte para el niño y cuánto aporte haya disponible. Algunos idiomas son más fáciles de aprender porque son más fáciles de encontrar. Por ejemplo, los materiales ya disponibles para los niños proporcionan a las familias «textos de apoyo», y hacen los idiomas más interesantes para los niños. Tintín, belga, Mónica, brasileña, y otros ídolos de la cultura popular infantil son importantes aliados de las lenguas minoritarias. Los personajes de los libros de cuentos internacionales pueden ayudar a que el niño se interese en cualquier idioma, siempre que las obras hayan sido traducidas y publicadas, o grabadas, en ese idioma. A los niños les interesa más lo que Winnie the Pooh dice, y canta, que cómo su madre les manda ordenar su habitación. Esperan con ansiedad la siguiente aventura de Babar y suplican para que les leas los libros cuando todavía no pueden leerlos por sí mismos. Con coloridas ilustraciones y un vocabulario asequible, estas historias acercan al niño al idioma. Los niños, cuando leen o ven dibujos de Mickey Mouse, Barrio Sésamo, o cualquier otro personaje de Disney, pueden no reparar en que el libro está escrito en un idioma distinto; o aceptarán que estos personajes, como ellos mismos, pueden hablar unas veces en inglés y, otras, en suajili. Es más, los personajes también se convierten en referentes bilingües para los niños. Los libros bilingües son especialmente apropiados para las familias bilingües. Si uno de los padres lee a su hijo un libro en inglés y el otro lee el mismo libro en español, el niño empezará a asociar automáticamente los dos idiomas con las historias y los objetos que aparecen en el libro.

Para los niños un poco más mayores, la lectura es un medio para dominar y retener un idioma. Las personas lectoras tienen menos posibilidades de olvidar un idioma posteriormente. Los libros proporcionan más motivación y una exposición extra. La alfabetización no es imprescindible para conocer un idioma: en todo el mundo hay personas que pueden hablar muy bien idiomas que no pueden leer, aunque los libros son un ejemplo de valor añadido para un niño, de manera que este buscará un mayor aporte a través de ellos.

Las canciones en el idioma pueden ser incluso más provechosas que los libros y los vídeos, pues suponen una excelente manera de que los niños practiquen el idioma en una situación sin presión, pero con muchas repeticiones. También son un buen «gancho» para volver a la lengua minoritaria con el niño.

Factores comunitarios

Las familias bilingües consiguen mejores resultados cuando no recae sobre ellas todo el esfuerzo de mantener por sí mismas la lengua minoritaria. Una comunidad de hablantes del idioma puede suponer una gran diferencia a la hora de fortalecer ese idioma en tu hijo. En este caso, por comunidad podemos entender una institución, como la Real Academia de la Lengua Vasca (Euskaltzaindia), o el Institut d'Estudis Catalans, que juegan un papel importante a la hora de normalizar y estandarizar estas dos lenguas y de apoyar su uso en distintos ámbitos de la vida pública y privada de los ciudadanos. En otros lugares es una organización social la que proporciona ciertos servicios en la lengua minoritaria a sus hablantes, y ayuda a mantener con vida la cultura del país de origen. Cuando los padres tienen amigos con los que relacionarse de manera informal en la lengua minoritaria, tienen una mayor tendencia a utilizarla. Contar con actividades y alternativas deportivas en la segunda lengua la hace incluso más útil.

Colegios

La herramienta más obvia con la que cuentan las comunidades para reforzar la lengua minoritaria son los colegios. Una investigación llevada a cabo en las escuelas primarias de Miami mostró que enseñar la mitad de las asignaturas en español podía servir para algo más que para contrarrestar el efecto del cada vez menor uso del español en el hogar, que se reflejaba en los resultados de las pruebas de español de los niños. Las puntuaciones de todos los alumnos, incluyendo todas las posibles combinaciones de clase alta y baja, y aquellos que hablaban dos idiomas en el hogar, o solo español, fueron mucho mejores en español cuando asistían a colegios en los que la mitad del día se enseñaba en español. En cierto modo, no era tan importante evitar el inglés en el hogar para mantener el español cuando los niños podían ser escolarizados en ambos idiomas.

Los colegios también pueden ser la única fuente para el otro idioma. Los casos reales 15 al 18, del capítulo 5, tratan el papel de los colegios y muestran varios ejemplos de niños que aprenden un idioma que ninguno de sus padres habla.

Por último, cuando sea posible, los colegios con buenos programas lingüísticos son de gran ayuda.

En España, en los últimos años ha habido un auténtico auge de colegios públicos bilingües que pretenden introducir lenguas extranjeras, como el inglés y el francés, de forma más natural a través de programas de inmersión. En este modelo de colegio, aproximadamente el 30% de las asignaturas se imparten en una lengua extranjera, de manera que los niños no solo aprendan la lengua, sino que también aprenden una parte de la materia escolar en una lengua extranjera. Aún es pronto para evaluar el éxito de este esfuerzo educativo, por lo que habrá que estar pendiente de ello en los próximos años.

Cuando no es posible la escolarización en la lengua minoritaria, es una buena opción para los padres crear ellos mismos redes sociales a través de grupos de juego y apoyo. Al final del libro hay información sobre este tipo de recursos. Además, en el capítulo 5 encontrarás la «Chistera de los trucos», consejos para ayudarte a que el segundo idioma sea divertido y lo utilicéis en casa.

Factores familiares

En lo que respecta al aprendizaje de una lengua minoritaria en la familia, a veces los hermanos mayores resultan útiles, y otras veces, no.

En algunos hogares, los hermanos mayores son un buen ejemplo para los niños menores. Los más jóvenes no se plantean por qué tienen que hablar en alemán con su padre si ve que sus hermanos mayores también lo hacen. Hasta donde ellos saben, eso es lo normal.

Sin embargo, resulta más habitual que los hermanos mayores sean una gran fuente del idioma mayoritario. Tienen amigos de la lengua mayoritaria que vienen a jugar a casa, conocen los programas de la televisión, los tebeos y las películas en la lengua mayoritaria. Cuando son pequeños, tú eres quien les aporta la mayor parte de los materiales externos, pero según van creciendo, ellos juegan un papel destacado a la hora de seleccionar lo que leen o ven en la televisión, o con quién juegan. Según mi experiencia, normalmente los hermanos hablan entre ellos en la lengua mayoritaria. Mi compañera de trabajo Pía cuenta que su hermana y ella hablaban en español con toda su familia excepto entre ellas. Su madre siempre las regañaba por hablar inglés entre ellas. Al darse cuenta de lo mucho que significaba para su madre, decidieron hablar en español cuando ella estaba presente, y en inglés cuando no. Su compromiso dejó contento, al menos mínimamente, a todos.

En ocasiones los recién nacidos suponen una oportunidad para empezar de nuevo. En algunas de las familias que hemos conocido, los hermanos mayores que por algún motivo eran reacios a hablar la lengua minoritaria, se convencieron de que el nuevo bebé solo entendía la lengua minoritaria. En el caso 4 del capítulo 5 veremos a hermanos mayores que se negaban a hablar la lengua minoritaria con sus padres, pero que la hablaban sin ningún problema con el bebé, y les advertían a los demás de que también la usaran.

Solucionar problemas

Teniendo en cuenta las ya comentadas «posibilidades» de que los niños se conviertan en bilingües activos y equilibrados, queda claro que se requieren ciertas dosis de ingenio para crear un entorno bilingüe que pueda «competir» con el idioma mayoritario global o local.

A los bebés es fácil convencerlos. Les encanta hablar contigo y hablarán en cualquier idioma en el que les hables. Esa es una de las razones para empezar cuanto antes, incluso antes de que el bebé nazca, para que tu casa sea «un hogar bilingüe».

Puedes comenzar más tarde, pero es más difícil. Los niños pequeños son bastante fáciles de convencer, solamente hay que ver la facilidad con la que la televisión los hace consumidores de casi todo lo que se les ponga delante de los ojos. Ayuda que lo que se «venda» sea colorido, vivaz y divertido, y sobre todo que sea algo que puedan hacer contigo. En general, los niños pequeños entienden cuándo hay dos idiomas, y con frecuencia son muy estrictos con quién puede hablar según qué lengua.

En general, en España, a los niños en edad de preescolar se les introduce en un mundo monolingüe. No es muy frecuente que un niño llegue a casa de la guardería y pregunte: «Mami, ¿por qué soy el único de la clase que solo habla un idioma?». Si realizan la pregunta contraria: «¿Por qué soy el único con dos idiomas?», debes recordarle que es porque él es especial y por ello también debes hacerle sentirse especial. A esa edad aún eres el centro de su universo, pero están surgiendo otras estrellas.

Otros niños son como un reto. Tendrás que hacer una lista de los recursos disponibles, que veremos a continuación, fuera de tu núcleo familiar.

¿Qué hacer cuando tu hijo quiere abandonar la lengua minoritaria?

No importa qué estrategia utilicemos en casa, casi siempre habrá un tiempo en el que los niños necesitarán un estímulo mayor para seguir usando la lengua minoritaria. Puede que, sin rodeos, un día te digan: «Quiero que hables japonés» (o español, cualquiera que sea el idioma mayoritario). O simplemente puede que se nieguen a contestar en la lengua minoritaria, pese a los recordatorios, o puede que la negativa tome otras características. Tal vez solo respondan con monosílabos, o sin palabras. Quizá abandonen la habitación si se está hablando en la lengua minoritaria, subrepticiamente, o con las manos tapando sus oídos. También puede que hagan caso omiso a la conversación e interrumpan para iniciar una nueva en otro idioma.

Es algo común. Casi todas estas tácticas de los niños nos las han referido la mayoría de los padres en un momento u otro de su «proyecto bilingüe». Tanto si usas OPOL como mL@H, o cualquier otra estrategia, sabemos que la lengua minoritaria es vulnerable.

EL COMPORTAMIENTO DE LOS PADRES

Cuando el niño empieza a usar el idioma «equivocado», lo primero que hay que analizar es el propio comportamiento de los padres, para ver si pueden cambiar algo que revierta la situación. La manera en la que respondes a tus hijos cuando usan la lengua «equivocada» les envía un importante mensaje acerca de lo que esperas de ellos. Las investigaciones muestran que los niños perciben estos mensajes, que tal vez envíes sin darte cuenta, y su comportamiento lingüístico los tiene muy en cuenta. No habrá un único mensaje que cambie la marea, sino que muchos pequeños mensajes construirán el hábito a lo largo del tiempo.

Elizabeth Lanza, psicolingüista y madre de dos niños bilingües en noruego e inglés, ha propuesto una gama de respuestas de los padres que indican al niño si lo que quieres es un una conversación en modo monolingüe, o si estás dispuesto a tolerar el modo bilingüe (cambio de código).

En la gama de posibles respuestas (Tabla 5), Lanza define cinco puntos, que van desde 1) No entender lo que el niño ha dicho en el idioma equivocado a 5) Cambiar tú mismo de código para seguir al niño, pasando por 2) Cuestionar algún aspecto de lo dicho por el niño, 3) Repetir lo dicho por el niño, pero en el idioma deseado, y posiblemente preguntar para que reformule lo dicho, y 4) Seguir, en la lengua mayoritaria, sin hacer ningún comentario.

Tabla 5. Estrategias de respuesta de los padres

1	2	3	4	5
No entiendo. (En la lengua minoritaria).	¿Has dicho xxx? (En la lengua minoritaria).	Repetir lo dicho por el niño. (En la lengua minoritaria).	Continuar (en la lengua minoritaria) sin realizar comentarios.	Cambiar de código para seguir al niño en la lengua mayoritaria.

Lo que no se debe hacer es empezar una pelea con tu hijo sobre qué idioma usar (es una pelea que no ganarás). Por supuesto, los padres pueden interrumpir la conversación para pedir al niño que siga en la lengua minoritaria, y a veces este tipo de conversaciones con «mensajes tipo yo» pueden ser muy efectivas: «Me encanta cuando me respondes en mi idioma», o «Te entiendo mucho mejor cuando me hablas en mi idioma», frente a los «mensajes tipo tú»: «Deberías hablarme solo en ruso», «Cuando tu abuelo está de visita, sabes hablar otro idioma aparte de español».

Sin embargo, en la medida de lo posible, la mayoría de las veces es preferible que la petición sea indirecta, sin interrumpir la conversación. Por su propia naturaleza, las conversaciones son un toma y daca, y están plagadas de peticiones de clarificación de una palabra, o de algo dicho en voz demasiado baja, así que no es tan raro decir: «¿Qué», o «No he entendido eso, ¿me lo repites?». En una conversación bilingüe, la repetición se pide en el otro idioma. En una conversación con un padre con el que normalmente hablan en turco, no es habitual que los niños se paren a pensar que la otra persona también sabe alemán. Este tipo de recordatorios se los toman con calma. Un poco más sutil es la respuesta anterior número 2: si el niño dice en alemán que con su clase fueron a un concierto, el padre puede responder en turco: «¿Dónde fuiste?».

Es mucho mejor si puedes redirigir al niño sutilmente. Puedes intentarlo, y tal vez funcione. Tal vez tengas que insistir, o ser pertinaz en hablar tú mismo el idioma que prefieres. Podríamos compararlo con las clases de música. Muchos niños odian practicar y, de adolescentes, quieren dejar el piano, aunque más adelante les reprochan a sus padres que les dejaran hacerlo.

Lo cierto es que al negarse a hablar un idioma, tu hijo te está diciendo que no está obteniendo el suficiente provecho. En el momento en el que el niño realiza la petición, es mejor no montar un gran escándalo. Es preferible analizar la situación y buscar oportunidades para hacer que el niño sienta que ser bilingüe es especial. Mientras tanto, inmediatamente deberías buscar oportunidades para elogiar al niño, o mejor, elogiarlo ante alguien: «Qué bien se le dan los dos idiomas», «Estoy muy orgulloso de ella». Hay que tomarse en serio el rechazo del niño a hablar la lengua minoritaria, pero esto no es el final del proyecto bilingüe.

Conseguir ayuda de otros

Tanto si los padres eligen OPOL o mL@H, es importante tener en cuenta la ayuda extra disponible si invitamos a nuestra casa a hablantes monolingües del idioma minoritario, o si viajamos, o a través de la escolarización. Casi todas las personas con las que me entrevisté para este libro, sobre todo en Estados Unidos, Reino Unido y España, complementaban sus esfuerzos en casa con una, o más, estrategias adicionales para encontrar hablantes monolingües que les ayuden.

Hablantes monolingües

El contacto con hablantes monolingües es una gran baza para desarrollar los conocimientos en el idioma del monolingüe. Con hablantes bilingües nunca se sabe qué idioma se usará, lo que no ocurre con un monolingüe. Si es posible, es preferible un hablante monolingüe adulto, o niño, a uno adolescente, puesto que están menos dispuestos a aprender activamente la lengua mayoritaria. Si vienen otros niños a jugar a casa, merece la pena organizar el inicio de la interacción, en el idioma que se desee, para empezar en la dirección adecuada. En general, los niños continúan con las actividades que les gustan, sin importarles en qué idioma se desarrollen. Sin embargo, si les deja solos, normalmente elegirán la lengua mayoritaria, aunque no la hablen demasiado bien.

Ayuda en el hogar

Además de familiares, amigos y servicio doméstico, no debería resultar difícil encontrar hablantes del otro idioma, una vez que empieces a buscarlos. De los tres puntos de apoyo principales, tal vez el servicio doméstico sea el menos fiable. Esto no quiere decir que se deba descartar, solo que, a largo plazo, no se debe confiar en ello como única estrategia. La experiencia de la gente con el servicio doméstico es variada. A veces una *au pair* se esforzará más por aprender el idioma mayoritario que por hablar su lengua a tus hijos.

Además, la autora Jane Merrill nos recuerda que no podemos asumir que una *au pair* es una profesora solo porque sepa el idioma. Merrill dedicaba un tiempo a entrenar a las *au pairs* que contrataba y a organizar «un currículo informal» de actividades que realizar con el niño. Por ejemplo, una actividad por la tarde debía incluir jugar fuera de casa, o un paseo; además de leer, escribir, o pintar, y escuchar música, o cantar, a parte de la merienda (por supuesto, asegúrate de que los libros o la música son en el idioma deseado). Siguiendo el ejemplo de María Montessori, Merrill animaba a las *au pairs* a involucrar a los niños en las tareas del hogar más sencillas, como pueden ser sacar brillo a la madera, fregar la pila, u otros trabajos para los que se requieran ciertas herramientas y, sobre todo, en los que se aprecie un resultado. Recomienda este tipo de actividades porque estimulan la concentración y aumentan el vocabulario.

En general, para aquellos que se lo pueden permitir, contratar servicio doméstico en el idioma minoritario da buen resultado, pero normalmente esta situación no perdura durante toda la fase de crecimiento del niño. Por tanto, debe ser una más entre otras estrategias.

Abuelos, tíos y primos

Muchas familias hablan de los abuelos como un refuerzo muy positivo para sus esfuerzos bilingües. Muy a menudo, los padres aluden al deseo de que sus hijos hablen con sus abuelos como la razón más importante para educarlos de forma bilingüe.

Las visitas al país de origen son propiciadas por tener familia allí. También las visitas de los abuelos son una maravilla. Los abuelos tienen un nexo de unión especial con sus nietos y un interés especial en que crezcan sanos. Si vienen de visita desde otro país, es muy posible que sea para un mes, o más, lo suficiente para reforzar el uso de la lengua minoritaria, pero no como para adquirir los hábitos del nuevo país. Los tíos también son de gran ayuda. Si tus hermanos son solteros, puede que tengan cierta flexibilidad para quedarse en tu casa. Los hermanos casados con hijos pueden traer a los primos. Cuando se hacen amigos, los primos de otro país en la que la lengua minoritaria es la mayoritaria son unos profesores extraordinarios para tus hijos: son la mezcla perfecta entre familiares y amigos.

Aunque estas tácticas pueden ser temporales, suponen un excelente estímulo y un recordatorio para tus hijos de por qué merece la pena esforzarse por aprender la segunda lengua. En estas visitas de un mes, o dos, los familiares y amigos más cercanos pueden ayudar al niño a alcanzar un nivel en el que se sienta más cómodo al utilizar el idioma.

El viaje del «idioma»

Incluso aunque no haya familiares que visitar, viajar juega un papel similar a la hora de proporcionar motivación y oportunidades de hablar la lengua minoritaria. Jane Merrill, a quien citamos antes con las *au pairs*, pasó un mes en Francia con sus gemelas de cinco años. Para Merrill, todo son oportunidades de aprender el idioma. En primer lugar, involucró a sus hijas en la preparación del viaje, para asegurarse de saber en qué estaban interesadas. Además, el tiempo que dedicaron a planificar el viaje no pareció la clase de idiomas extra que en realidad fue. Todas sus sugerencias tenían en cuenta el presupuesto: Madeline en París con cinco dólares al día.

La guía que Merrill escribió sobre su viaje sirve tanto como guía de viajes con niños como un mapa sobre el terreno para encontrar ocasiones de practicar el idioma en cada rincón. Nos advierte: «Id donde la gente está hablando, no habéis venido hasta aquí para comunicaros con los árboles». La gente que camina o va en autobús se comunica más, así que camina todo lo que puedas. La espera entre la multitud para ver pasar el Tour de Francia sirvió de excusa para compartir una tarde. Durante las dos horas que tardaron en llegar los ciclistas, las niñas hablaron con aficionados a los deportes, contaron maillots de colores y jugaron con la mascota de otro espectador.

Como alojamiento eligieron un pequeño hotel de dos estrellas, cuyos trabajadores no hablaban mucho inglés, en el centro de París. Una de las razones para elegirlo fueron las reseñas de otros huéspedes que contenían la palabra clave «amigable». El hotel contaba con un pequeño salón para niños, donde podían jugar en vez de estar en la habitación. Las niñas no estaban asustadas y se podía confiar en ellas para llevar a cabo pequeños encargos en la recepción, como la devolución de la llave o pedir un periódico. Jane eligió una zona animada y un parque cercano donde jugaban otros niños. Para ayudar a sus hijas a mezclarse, esperó a llegar a París antes de cortarles el pelo y comprarles sus accesorios de última hora. El corte de pelo fue toda una miniaventura, y la promesa de alguna compra les hizo a las niñas estar muy pendientes de otros niños. Botar barcos de juguete en pequeños lagos era uno de los pasatiempos habituales, así que a pesar del reducido presupuesto, Jane compró un barco que atrajera la atención de otros niños.

Merrill nos advierte en contra de intentar hacer demasiadas cosas a la vez y tuvo cuidado de contar cada día con mucho tiempo libre. Fue más indulgente en Francia que en casa: veían la televisión en la entrada del hotel, se acostaban tarde y podían permitirse «comidas divertidas» que no comían en casa. A lo largo del mes, escribieron un diario del viaje como un proyecto paralelo al viaje, con dibujos y fotos, así como dictados de las cosas que habían ocurrido, o que la gente había dicho.

Siempre que era posible, Merrill les encargaba a las niñas recados rutinarios, como ir a Correos o a la panadería. Una de las estrategias para animar a las niñas a pedir su comida en el restaurante consistía en decirles en francés que debían estar preparadas para cuando viniera el camarero. Cuando el camarero llegaba a la mesa, oía a las niñas hablar en francés y, por tanto, se dirigía a ellas en francés. La clave del viaje residió en que las niñas llevaran la batuta y en provocar situaciones seguras en las que pudieran llevarlo a cabo.

Tus objetivos bilingües

Espero haberte ayudado a creer que educar a tus hijos de forma bilingüe es algo normal, natural y que puedes conseguir. Sin embargo, también es posible confiarse en exceso. Para ello, por precaución, os hablé del estudio belga sobre el porcentaje de niños que crecen en familias bilingües pero no se convierten en bilingües activos.

Es el momento de plantearte qué quieres, qué necesitas

El siguiente test te ayudará a ver qué factores juegan a tu favor y dónde necesitas encontrar aliados. Rellena las diferentes secciones de la Tabla 6. En general, los datos de la izquierda son bazas a tu favor, y los de la derecha, en contra. Una vez acabado, puedes contar unos y otros para comprobar tus puntos fuertes y débiles en la Tabla 7.

En el siguiente capítulo veremos qué testimonios, realizados con la misma tabla, se parecen más a tu situación y cómo pueden ayudarte a establecer tu propio plan.

Tabla 6. Encuesta personal de recursos lingüísticos

1. Recursos lingüísticos en el hogar					
	Nativo	Monolingüe	Bilingüe	No nativo	No lo habla
Madre					
Padre					
Hermanos					
Abuelos					
Servicio doméstico					
Visita(s) potenciales					
Otros					

	Abundantes	Difíciles de conseguir	Inexistentes
Recursos escritos y audiovisuales			

2. Recursos lingüísticos fuera del hogar		
	Sí	No
Guardería		
Escuela primaria		
Instituto		
Familiares cercanos		
Amigos del niño		
Amigos de los padres		
Relación con gente en el extranjero		
Campamentos de idiomas		

Escuela de fin de semana		
Grupos de juego		
Red social electrónica		

3. Posibilidades de viajar

	Corto plazo	Recurrente	Largo plazo	Ninguno

4. Actitudes

	Compromiso emocional	Compromiso intelectual	Neutral	Hostil
Madre				
Padre				
Abuelos				
Profesionales				
Comunidad más amplia				

5. Confianza

Conozco a otros que lo han conseguido.	He oído o leído casos de otros que lo han conseguido.	Conozco personalmente a alguien que lo intentó pero no lo logró.

Tabla 7. Resumen de los recursos en la lengua minoritaria

	Puntos fuertes	Puntos débiles
Aporte en el idioma		
Familia		
Comunidad y colegios		
Materiales impresos		
Opciones de viajar		
Actitudes y experiencia		
Nivel de compromiso		
Recursos secundarios		

CAPÍTULO 5

La voz de la experiencia: Testimonios

En este capítulo y el siguiente descubrirás cómo muchas familias bilingües han llevado a cabo las estrategias mencionadas en el capítulo 4. Conocerás a veintiséis de las más de cien familias con las que contacté durante mis investigaciones para este libro. Estas familias son de todo el mundo, de Nueva York a Hong Kong, pasando por Madrid. La mayoría son familias que han criado o están criando a sus hijos de manera bilingüe, aunque también hay padres que se plantearon educar a sus hijos en dos idiomas pero lo descartaron por varias razones. Sus historias siguen el orden de nuestro planteamiento de las estrategias para familias bilingües que expusimos en el capítulo 4, con las siguientes subcategorías:

— One Parent One Language (OPOL):
  • Parejas internacionales, casos reales 1 a 5.
  • Hablantes no nativos de la segunda lengua, casos reales 6 y 7.

— Minority Language at Home (mL@H), caso real 8.
— Time and Place (T&P):
• «Bilingües accidentales», casos reales 9 a 12.
• Estrategias combinadas, casos reales 13 y 14.
• Distintas alternativas para la educación bilingüe, casos 15 a 18.

En todos los casos he intentado hacer hincapié en los datos sobre las circunstancias de cada familia y sus actitudes, además de compartir anécdotas concretas. No todas estas experiencias personales encajan con nuestra percepción del niño bilingüe ideal. Al fin y al cabo, cada familia tiene sus propias metas para conseguir sus propios objetivos. Estas historias se han seleccionado para ilustrar las distintas maneras en las que los padres han organizado sus rutinas para aumentar la cantidad de tiempo en el que sus hijos están expuestos a sus idiomas. Mientras lees estos relatos, intenta identificar los factores que hacen que el papel del padre de un niño bilingüe sea más o menos complicado. ¿Puedes adivinar lo que harán en cada caso? Con la información que tienes sobre estas estrategias, ¿crees que estas familias podrían haber tomado otras decisiones mejores que las que tomaron? Después de estos testimonios, sacaré varias conclusiones generales sobre los mismos e incluiré una lista de trucos y técnicas que aprendieron estos padres y muchos otros cuyas entrevistas no se han incluido en este libro.

Elegir tu estrategia

Verás que hay varias maneras «correctas» de criar a un hijo bilingüe, así que haz el favor de escuchar a la voz de la experiencia. Esto no significa que no puedas improvisar. La elección del tipo de «política» que utilizarás es una decisión totalmente personal. La familia y los amigos pueden animarte, pero no hay ninguna formula mágica que funcione en todos los casos.

Las habilidades lingüísticas de los niños son enormemente flexibles y dinámicas: cambian a lo largo del tiempo. Las circunstancias cambian y los patrones lingüísticos de los niños siguen esos cambios. Aun así, las pequeñas diferencias tienen más efecto sobre los niños pequeños que las grandes diferencias tienen en los niños más mayores. Por esta razón, nuestro enfoque son las estrategias adoptadas por padres con niños pequeños —cuando son más maleables—, y lo que pueden hacer los padres para fomentar el desarrollo lingüístico bilingüe de sus hijos. Veremos que no hay una sola manera de hacerlo. Distintos sistemas funcionan de diferentes maneras para familias con diversas circunstancias. Y no hay nada inamovible. Las familias siempre pueden cambiar de estrategia, y esto sucede con mucha frecuencia.

Las familias que conocerás en este capítulo han incorporado el uso de más de un idioma en sus vidas diarias. Mientras sus hijos crecen, van aprendiendo más de un idioma. Sin ánimo de quitarles mérito, es importante destacar que todos ellos son comparables a cualquier otros padres. Muchos son bilingües, pero no todos lo son. Algunos viven en comunidades que tienen escuelas que promocionan más de un idioma, pero la mayoría no cuentan con este recurso. La mayoría de sus hijos siguen un desarrollo típico, pero algunos tienen necesidades especiales. Todos los padres con los que hablé decidieron dedicar una parte de sus energías a exponer a sus hijos a dos o más idiomas. No son mejores o peores padres que los padres monolingües, sino que son padres en dos idiomas. No imparten clases de idiomas a sus hijos, sino que los guían con «lecciones de vida» que tienen lugar en dos idiomas.

Como veremos en este capítulo, todas estas familias comparten el firme convencimiento de que conocer dos idiomas es bueno para sus hijos y, en general, siguen tres reglas básicas para proporcionar a sus hijos oportunidades suficientes de oír sus idiomas. Además, toman medidas para asegurarse de que sus hijos quieran hablar dichos idiomas. No es ningún misterio. Los hablantes de un idioma deben:

— Hablar con los niños en ese idioma.
— Escuchar cuando los niños les intentan hablar.
— Establecer rutinas en cada idioma (según las estrategias ex-

puestas en el capítulo 4) para que los niños sepan de antemano qué idioma deberían utilizar en cada contexto y así no tener que negociar el idioma una y otra vez. (Aunque soy consciente de que existen comunidades de adultos bilingües que no siguen esta regla. Algunas familias funcionan en modo bilingüe en todo momento. Esto es muy común en Miami o Singapur, por ejemplo, donde no hay norma exacta para qué idioma hay que utilizar en una situación concreta o con una persona concreta. Estoy segura de que en las comunidades completamente bilingües en las que ninguno de los dos idiomas tiene más protagonismo que el otro, los niños pueden aprender ambos idiomas si los oyen de esta manera. Sin embargo, sí hay un cambio en el papel de ciertos idiomas —*language shift*— en cada rincón del mundo, tanto en los países desarrollados como en los países en vía de desarrollo. Por esta razón, recomiendo que los padres asuman un papel más proactivo en la estructura de sus rutinas diarias, y considero que esta recomendación es esencial).

Estos veintiséis testimonios son solo una pequeña selección de las más de mil variaciones que pueden surgir de las estrategias antes mencionadas en las familias individuales. Según mis cálculos, si seleccionamos tan solo diez categorías en las que varias familias distintas pueden diferenciarse —como las que vienen en la tabla al final del capítulo 4— y las planteamos como una disyuntiva tipo «una cosa, o la otra» —o el padre habla la lengua minoritaria, o no; la madre la habla, o no; la familia tiene libros infantiles en dicho idioma, o no, etc.— nos encontraríamos con 2^{10} o 1 024 escenarios distintos. Apenas es posible profundizar, pero he escogido ejemplos típicos que serán útiles para muchas familias en una gran variedad de circunstancias.

El patrón clásico: One Parent One Language (OPOL)

Caso real	Nombres de los padres	País de residencia
Caso real 1	Rosalie y John-Paul	Suiza
Caso real 2	Karine y Jacques Guerlin	Sante Fe, Nuevo México, EE. UU.
Caso real 3	Rosie e Íñigo	Madrid, España
Caso real 4	Olga	Tampa, Florida, EE. UU.
Caso real 5	Raquel e Ian	Madrid, España

Conviene destacar que las listas de idiomas que aparecen antes de cada historia siguen el orden en el que fueron aprendidos por cada padre. El idioma que aparece en negrita es el que el padre o la madre utilizan con el niño. La tabla al principio de cada testimonio resume los puntos fuertes y débiles que tiene cada familia.

Caso real 1: Ejemplo clásico de OPOL

Madre: **italiano,** inglés, francés (estudiante tardío)
Padre: **francés**/alemán (bilingüe infantil), inglés
Padres entre sí: inglés
Comunidad: francés (multilingüe)
Escuela: francés
Hijos: francés, italiano

Caso real 1	PUNTOS FUERTES	PUNTOS DÉBILES
Aporte	Madre hablante nativa; estudiante tardía de la lengua de la comunidad.	Padre no habla la lengua minoritaria.

153

Parientes	A 5 horas en coche, visitas 3 ó 4 veces al año.	
Comunidad	El multilingüismo es común; residen muchos italianos.	No hay escuelas en italiano.
Libros y otros recursos	Amplia oferta.	
Oportunidades de viajar	Abundantes.	
Actitudes y experiencias	Ambos padres favorables; el padre fue bilingüe precoz.	
Nivel de compromiso	Compromiso intelectual y emocional.	

A Rosalie y su marido, John-Paul, el sistema OPOL les sale de forma natural. Los dos son trilingües. La primera lengua de Rosalie es el italiano, y el idioma dominante de John-Paul es el francés. Cuando nació su primer hijo, Lucas, esta familia vivía en Estados Unidos, y los padres llevaban muchos años comunicándose entre sí en inglés. Pero cada uno decidió hablar con el niño en su lengua materna. Comenta Rosalie: «Desde el principio los dos dimos por hecho que los niños tendrían que entender las lenguas maternas de sus padres, viviesen donde viviesen». Así que Lucas oía el italiano de su madre, el francés de su padre y algo de inglés de sus cuidadores y vecinos, además del inglés que oía a sus padres hablar entre sí.

Se mudaron a Suiza cuando Lucas tenía diez meses, y la lengua de la comunidad cambió al francés. Esto también significaba que Rosalie tuvo que aprender francés a toda velocidad a los treinta y cinco años, pero seguía hablando con Lucas y su hermana, Marina, en italiano. Siempre prefería hablar con los bebés y niños pequeños en italiano. «No creo que fuese una decisión consciente —explica—, simplemente no puedo hablar con mis hijos en un idioma que no sea el mío».

John-Paul decidió hablar con Rosalie en francés para ayudarle a aprender el idioma, pero seguían utilizando el inglés como su «idioma secreto». Así que hablaban con los niños en italiano y francés, un idioma por cada padre, y también oían francés en la comunidad. Ahora los niños tienen diez y ocho años, respectivamente, y prefieren hablar en francés entre sí. Aun así, Rosalie está contenta con el nivel de italiano de los niños. «Nuestros hijos pueden comunicarse perfectamente con el resto de mi familia en Italia, pueden seguir la televisión italosuiza y conocen muchos juegos y canciones en italiano». Leen sobre personajes de cuentos como La Pimpa. Los niños entienden que el italiano es un idioma especial que no todo el mundo en Suiza comparte, y a veces enseñan algunas palabras a sus amigos como si fuese un código secreto en uno de sus juegos.

Dificultades: La familia de Rosalie y John-Paul ha vivido algunos de los aspectos de los hogares bilingües que otros podrían percibir como problemáticos, pero no les dieron mucha importancia. Lucas, su hijo mayor, cuyo primer año de vida fue trilingüe, decía muy pocas palabras en cada idioma antes de los dos años, aunque entendía los tres idiomas (inglés, francés e italiano) mucho antes. Ambos niños mezclaban sus idiomas, quizá más que lo habitual debido a las similitudes entre el italiano y el francés. Esto fue una fuente de diversión para la familia y algunas de estas palabras inventadas ya forman parte de la vernácula de la familia. Por otra parte, Rosalie comenta que a ella le cuesta ayudar a los niños con sus deberes porque aprendió francés cuando ya era mayor, así que su marido suele echar una mano en este sentido (esto habría ocurrido independientemente de si Rosalie hablara con los niños en italiano, o no).

Factores que facilitaron la situación: Por lo general, Rosalie dice que no ha sido tan difícil mantener los dos idiomas. Los niños nunca se han sentido obligados a la hora de elegir sus idiomas. El bilingüismo precoz es muy habitual en la parte de Suiza donde residen. Hay muchos otros niños bilingües en sus clases. Su padre fue criado como bilingüe de francés-alemán, así que sabían que tenían que prestar mucha atención al italiano cuando los niños empezaron a ir al colegio. En su caso, los dos niños habían ido a una guardería francesa durante varios años y ya dominaban el francés cuando empezaron el colegio en ese idioma. Por otra parte, vivían cerca de Italia, lo cual les permitía visitar a la familia de Rosalie tres o cuatro veces al año, y en la región residían muchos italianos. Un día Lucas se dio cuenta de que algo era diferente y preguntó a su madre en francés: «¿Por qué no hablas conmigo en francés como lo haces con los demás?». Al responderle que el italiano era la lengua de su familia y quería que él la conociera, lo aceptó muy fácilmente. No lo cuestionó más y no intentó que ella cambiara de idioma.

La historia de esta familia es un clásico ejemplo de cómo utilizar el método OPOL para criar a un niño bilingüe.

Caso real 2: OPOL en Estados Unidos

Madre: polaco, francés, **inglés**
Padre: **francés**, inglés (estudiante tardío)
Padres entre sí: inglés
Comunidad: inglés (viajes a Bélgica para el francés)
Hijo: inglés/francés (ahora también español y chino)

Caso real 2	PUNTOS FUERTES	PUNTOS DÉBILES
Aporte	Padre nativo; estudiante tardío de la lengua mayoritaria; madre habla bien la lengua minoritaria.	Padre trabaja fuera de casa.
Familiares	Visitas anuales Bélgica, y en EE. UU. reciben visitas de la abuela, francófona, todos los años.	
Comunidad		No hay escuelas en francés hasta el instituto; pocos francófonos en la región; multilingüismo no es común.
Libros y otros recursos	Amplia oferta.	

Oportunidades de viajar	Moderadas.	
Actitudes y experiencias	Ambos padres favorables; madre fue bilingüe precoz.	
Nivel de compromiso	Emocional e intelectual.	

Según los Guerlin, el método OPOL puede funcionar muy bien. Jacques, un médico belga francófono que reside en Santa Fe, Nuevo México, crio a dos niños bilingües en dos familias separadas. Escribe: «Crie a mis tres hijos hablándoles únicamente en francés, mientras que mis dos mujeres les hablaban siempre en inglés». Conocemos mejor a la «segunda familia», ya que he podido hablar directamente con los tres integrantes. Los Guerlin no conocían a muchas personas que hablaran francés, y solo conocían a un niño francófono en Santa Fe, aparte de su hijo. Aunque en general la escuela de su hijo, Paul, veía su bilingüismo como una habilidad especial, en general no le prestaban mucha atención, principalmente porque hablaba inglés perfectamente y era muy buen estudiante.

En este ejemplo de OPOL podemos ver que los niños solo tienen una fuente de francés, y no es una madre que se queda en casa, sino un padre radiólogo que trabaja muchas horas fuera de casa. Hay pocos recursos fuera del hogar para reforzar los esfuerzos de los padres. Objetivamente, no parece una situación muy propicia para el bilingüismo de los niños, pero resulta que hay varios factores que ayudaban en el caso concreto de Paul.

Dificultades: Los Guerlin no escaparon de las desventajas potenciales del método OPOL. Paul solo tenía una fuente consistente de francés cuando era pequeño. Su francés no está tan desarrollado como su inglés. Su padre lo califica como «bueno, pero no perfecto». Paul considera que tiene algunas «malas costumbres» en francés que le gustaría corregir. Pasó seis meses en Bélgica cuando terminó el instituto, y ha dado clases de francés en la universidad para consolidar los conocimientos que adquirió de manera informal.

Facilidades: La familia de Paul en Bélgica tiene una relación muy cercana. Cuando viajaban a Bélgica todos los años Paul jugaba con niños de su edad y tenía una grandmaman que venía a verlo a Santa Fe con mucha frecuencia. Paul tenía motivación para hablar francés. Es más, la madre de Paul también entendía la lengua minoritaria, así que todos podían participar en las conversaciones familiares. Los padres hablaban inglés entre sí, la madre hablaba inglés con el hijo, y padre e hijo hablaban francés.

Padre, madre e hijo tenían completa confianza en que el niño aprendería los dos idiomas. Comenta Karine que «criar a un hijo bilingüe fue casi automático». No recuerda haber hablado de cómo lo harían antes de que naciera Paul, pero comenta que eligieron un nombre que funcionara en los dos idiomas, «así que seguramente lo tuvimos en cuenta». Ambos padres pensaron que era una oportunidad única para su hijo, y aprecian el vínculo especial que creó entre padre e hijo. Tanto los padres como el hijo creen que el bilingüismo de Paul es «cómodo y merecía la pena». Recuerda Jacques: «Siempre hablaba con Paul en francés y nunca me contestaba en inglés». De hecho, Paul tenía tan claras las «identidades lingüísticas» de su familia de pequeño que cuando no sabía decir algo en francés le pidió a su madre que se lo dijera a su padre, como si fuese imposible que él pudiese hablar con su padre en inglés.

Por otra parte, la familia decidió expresamente que no iban a corregir la gramática de Paul de manera explícita. Pensaron que ese tipo de interrupciones serían más frustrantes que beneficiosas para el niño (y yo no podría estar más de acuerdo con ellos).

Por lo general, los Guerlin están muy contentos con los resultados, aunque a Paul, que ya es adulto, le hubiera gustado aprender más idiomas de pequeño. En Francia y Bélgica, Paul disfruta viendo cómo se sorprende la gente al ver un estadounidense que habla su idioma. Es muy receptivo para otros idiomas, y estudió español y chino en el instituto y la universidad. Tiene mucha curiosidad sobre otras culturas y ha viajado mucho por los países francófonos, hispanohablantes y China. Comenta que puede cambiar entre un idioma y otro sin confundirse.

En los primeros dos casos hemos visto que el método OPOL puede funcionar muy bien cuando ambos padres entienden los dos idiomas hablados en casa, pero a continuación veremos el caso de una madre que está casada con un marido que no habla su lengua materna. Está realizando un gran esfuerzo, pero la tarea está resultando más difícil de lo previsto.

Caso real 3: OPOL con flexibilidad

Madre: **inglés**/español
Padre: **español**/inglés
Padres entre sí: inglés o español
Comunidad: español (Madrid, España)
Hija: inglés y español

Desde el principio, Rosie e Íñigo tuvieron claro que, puesto que ambos son hablantes nativos de su respectivo idioma, criar a Clara en inglés y español parecía lo más razonable. En su momento pensaron que le resultaría sencillo aprender ambos idiomas de pequeña y que, además, le ahorraría futuros quebraderos de cabeza. Por otra parte, también era lógico, ya que tendría que comunicarse con sus dos familias, la inglesa y la española.

Antes de que Clara naciera se decantaron por el OPOL, porque el hecho de que cada uno le hablase en su lengua materna les parecía lo más lógico y, además, era lo más recomendado en los libros, revistas y otras fuentes de información que consultaron.

Sin embargo, cuando Clara empezó a hablar, hacia los catorce o quince meses, cambiaron el plan inicial, pues parecía que el español iba a predominar sobre el inglés. Según Rosie: «Hay que tener en cuenta que vivimos en España, que [Clara] tenía una niñera española, amigos españoles, así que decidimos hablarle los dos en inglés. Esta fase duró hasta que fue obvio que Clara tenía una sólida base en inglés. Hoy en día mezclamos inglés y español».

Para Rosie, el hecho de hablarle a Clara en inglés nunca supuso un problema para su relación de pareja. «El inglés de Íñigo es excelente, así que no creo que él se sintiera en desventaja». Íñigo tampoco cree que hablar a Clara en inglés fuera un problema, aunque admite que le resultaba más difícil expresar emociones y sentimientos (positivos o negativos) en otro idioma distinto del materno (por ejemplo, las nanas, o el enfado, aunque reconoce que para reñir a Clara procuraba hacerlo en inglés, para no transmitir que el idioma «negativo» era el español).

Por suerte, Clara aprendió inglés con facilidad. Rosie recuerda que era muy rápida para aprender ambos idiomas, y cree que su personalidad se forjó en inglés, y que además este era su idioma predominante hasta los seis o siete años.

En cuanto a los recursos de los que se han valido, Rosie recuerda que, de niña, su madre solía leerle muchos libros, y ha seguido la misma costumbre con su hija: «Empecé a leer libros a Clara, diariamente, cuando sólo tenía unos meses. Cuando tenía entre quince y dieciocho meses, era obvio que había asimilado todo lo que le había estado leyendo. Continué leyéndole (en inglés) a diario hasta los diez años, aproximadamente. Juntas hemos leído muchos clásicos infantiles, y me he divertido mucho releyéndolos con ella. En este aspecto en concreto, Íñigo estuvo un poco más al margen, aunque opina que tiene más sentido que al niño se le lea más en el idioma minoritario, pues, en su caso concreto, todos los estímulos a los que Clara estaba expuesta eran en español, por lo que parecía lógico reforzar la lectura en inglés.

Desde que era un bebé, Clara podía cambiar el «chip» y hablar en inglés o español dependiendo de la situación. Rosie recuerda que una de sus primeras palabras en inglés, no sabe por qué, fue scissors (tijeras). Es curioso que, a pesar de que Clara hablaba en los dos idiomas y conocía muchas palabra en ambos, ciertas cosas las identificaba mejor en uno de ellos. Así, una de las primeras adivinanzas que aprendió es la de «oro parece, plata-no es, ¿qué es?». Respuesta de Clara: «Banana».

Caso real 4: Dificultades con OPOL

Madre: **español**/inglés
Padre: **inglés,** algo de español
Padres entre sí: inglés
Comunidad: inglés, español (Tampa, Florida, EE. UU.)
Hijos: inglés, algo de español

Caso real 4	PUNTOS FUERTES	PUNTOS DÉBILES
Aporte	Madre nativa de español; padre entiende la lengua minoritaria.	Madre domina el inglés.
Familiares	Abuelos bilingües en la misma ciudad; bisabuelos monolingües que viven en la misma ciudad.	Suegra incómoda con la lengua minoritaria.
Comunidad	50% de la ciudad es hispanohablante; varias opciones de escolarización bilingüe.	Lengua minoritaria puede estar mal vista por alguna gente.
Libros y otros recursos	Amplia oferta.	
Oportunidades de viajar		No hay planes para viajar.
Actitudes y experiencia	Ambos padres favorables; madre fue bilingüe precoz.	
Nivel de compromiso		Compromiso intelectual; nivel moderado de compromiso emocional.

Aunque Olga vive en una comunidad bilingüe —Tampa, Florida— confiesa que es una lucha. Su marido entiende algo de español cuando Olga les habla a los niños, pero no puede participar en sus conversaciones. Él es el «padre inglés», así que Olga es consciente de que todo depende de ella. Al principio se sorprendió cuando se dio cuenta de que nunca le había hablado a un bebé en español, y le parecía extraño. Con la ayuda de canciones y libros infantiles eso mejoró. Irónicamente, ahora es más difícil para ella en Tampa que cuando vivía en Virginia, donde nació su primer hijo, Jason. Recuerda Olga que allí ser bilingüe parecía algo muy especial. Las primeras diez palabras de Jason fueron en español y sus amigos alucinaron cuando le hablaba en español y él le contestaba. Destaca Olga que también tenía más control sobre su entorno cuando su hijo era pequeño.

Por tanto, en Virginia, donde había pocos hispanos, el bilingüismo del niño era muy respetado y se encontraba bajo el control de la madre. Allí todo parecía muy sencillo. Pero cuando la familia se trasladó de vuelta a Tampa y Jason empezó preescolar en inglés, muy pronto Jason y Matthew, su hermano pequeño, contestaban a su madre siempre en inglés y, lo que es peor, no entendían cuando ella les hablaba en español, así que Olga tenía que decírselo en inglés. Cuando se daba cuenta de que estaba hablándoles en inglés, cambiaba al español, pero a ellos cada vez les costaba más entenderle. Si intentaba leerles un cuento en español, Jason se quejaba. Antes de que supiera los nombres de los idiomas, decía: «No lo leas así, léelo como yo estoy hablando ahora».

El regreso a Tampa también ha significado un contacto más constante con los padres de su marido, hablantes monolingües de inglés. En particular, su suegra se ofende cuando Olga utiliza el español en su presencia. Nunca hubo ningún problema para que los niños se comunicaran con sus abuelos en inglés, pero la reacción de su suegra supone otro obstáculo para Olga, y en su propia casa, para intentar mantener el hábito de hablar con sus hijos en español.

Olga siente que el temprano éxito en Virginia le hizo caer en cierta complacencia, y también que sobreestimó el posible apoyo de la lengua comunitaria en Tampa. En su barrio y en la escuela hay varios niños latinos, pero esos niños prefieren hablar en inglés con Jason y Matthew. Los padres de Olga ayudan, pero llegaron a Estados Unidos de adolescentes y llevan cuarenta años allí, y ahora el inglés también les sale de forma natural. Solo los abuelos de Olga son monolingües. Para Olga, poder ver a los niños interactuar con sus abuelos y bisabuelos ha sido una de las mayores recompensas a sus esfuerzos. En realidad, su abuela no puede hablar con los niños a no ser que le hablen en español. Cuando Jason le canta las canciones que ha aprendido en el colegio, el placer de la abuela es enorme y, por supuesto, a Jason le gustan los elogios que recibe por ello. Sin embargo, cuando Olga intenta recordarle que tiene que hablar con ella más español, para que pueda aprender más, el se resiste: «Ya sé hablar español».

Visto en perspectiva, Olga cree que hubiera sido más fácil si hubiera estado más atenta cuando regresaron a Tampa. En su barrio no es fácil encontrar clases de preescolar bilingües, pero sin ir demasiado lejos, podría haber encontrado un grupo de apoyo en español o haber asistido a los cuentacuentos en español en varias bibliotecas de su zona. Libros, revistas y música en español no son difíciles de encontrar. Olga recuerda que de pequeña siempre tenían en casa sintonizada una emisora cubana. Hoy en día ella podría haber intentado lo mismo: poner el Canal Disney y los teleñecos en su versión en español, si hubiera pensado en ello.

En la actual situación, Jason, de seis años, puede seguir la conversación, pero su gramática es la de un niño más pequeño. Matthew, de cuatro, a menudo no puede seguir la conversación e incluso a veces no entiende las frases e indicaciones más simples (sin embargo, cuando Olga le traduce las cosas, por ejemplo en una visita a su abuela, él se da cuenta de los pequeños cambios y protesta: «Eso no es lo que he dicho»).

Olga está frustrada, pero no vencida, la situación no está bloqueada. Puede que su familia tenga una segunda oportunidad de restablecer el OPOL. Hay un nuevo bebé en la casa, una niña. De momento, Olga hace caso omiso a las dificultades y le habla continuamente a la niña en español. Siguiendo el ejemplo de su madre, Jason y Matthew han decidido que la niña solo habla español, y están más dispuestos a hablar con Olga en español cuando les anima a usar el español «con el bebé». A menudo le hablan sin que les diga nada. Todos los días los niños tienen algo de español en el colegio, y con esa ayuda, además de los esfuerzos de Olga y de sus padres, la costumbre familiar parece estar derivando hacia un mayor uso del español.

Caso real 5: trilingüismo con OPOL

Madre: **euskera, español,** inglés
Padre: **inglés, holandés,** español
Hijos: inglés, español, euskera
Padres entre sí: español

Raquel y su marido Ian residen en Madrid con sus tres hijos trilingües. En casa, cada padre utiliza su lengua materna con los niños —Ian, inglés; Raquel, euskera—, y entre ellos hablan en la lengua en la que se conocieron, castellano. Este tipo de hogar bilingüe no es nada nuevo para esta pareja mixta, ya que ambos padres también se criaron en un hogar bilingüe. En casa de Ian en Holanda se utilizaba exclusivamente inglés, y desde los siete años sus hermanos y él fueron a internados ingleses. En casa de Raquel su madre hablaba a los niños en euskera y su padre en español. Vivían en Zamudio, Vizcaya, donde se usaba el euskera en la calle. Ciertamente sus infancias bilingües influyeron mucho a la hora de plantearse cómo educarían a sus propios hijos. Explica Raquel: «Supongo que nuestro caso no será muy diferente al de otras familias donde los padres tengan diferentes lenguas maternas, aunque el hecho de proceder los dos padres a su vez de familias bilingües habrá influido en asumirlo de manera natural, sin plantearnos previamente qué íbamos a hacer».

Raquel e Ian eligieron el método OPOL simplemente porque les parecía la manera más natural de criar a sus hijos. Cuando les preguntamos por qué creían que era tan importante que sus hijos conservaran las lenguas maternas de sus padres, les sobraban razones: «Porque nos parece impostado hablar a tus hijos en algo que no sea tu lengua materna, porque es parte de su patrimonio, porque permite establecer una relación natural con sus familiares, porque el saber no ocupa lugar, porque les abre la puerta a ser biculturales, que en una familia mixta nos parece tan imprescindible como ser bilingües». «Es más —añade Raquel— yo solo se hacer cariños a los bebés en euskera e Ian, en inglés».

De momento parece que este método les está funcionando muy bien. Los niños hablan con Ian en inglés, y entre ellos también, quizá por la influencia añadida del colegio internacional al que asisten. También hablan en un euskera básico con su madre, si se trata de mensajes cotidianos poco elaborados, o en inglés o en español para cosas más complejas, según qué idioma estén utilizando con el resto de los interlocutores en ese momento.

Mantener el euskera de los niños ha sido el mayor desafío para esta familia, porque el euskera de la familia de Raquel es el dialecto de su región. En ese sentido, los niños entienden el euskera de sus abuelos y tíos, pero no el batua ni otros dialectos. Es prácticamente imposible encontrar recursos para reforzar este dialecto, así que Raquel y su familia en el País Vasco son las únicas fuentes de ese idioma para sus hijos. Comenta Raquel: «En euskera no tenemos lecturas, ningún libro utiliza vizcaíno del Txorierri, que es lo que mis hijos entienden por euskera. El uso del euskera en casa va de mayor a menor del primero al tercero de los niños, y el tercero es bastante reacio a hacer el esfuerzo». Raquel es consciente de que el euskera acabará con ella si ninguno de sus hijos vive en el País Vasco.

A pesar de esas dificultades, Raquel e Ian han podido criar a tres niños trilingües de forma muy natural. Una cosa que les ha ayudado bastante es el hecho de que cada uno entiende el idioma del otro. Comenta Raquel: «Nosotros tenemos la ventaja de que yo hablo inglés e Ian habla español, y el idioma que se esté usando en cada momento no resulta un obstáculo. Ian ya entiende suficiente euskera doméstico para distinguir entre "lávate los dientes" y "venga, que se hace tarde" en contexto». En este sentido, todos los miembros de su familia pueden participar en las conversaciones en casa sin que nadie se sienta fuera de lugar.

Raquel e Ian aún no saben cómo su proyecto bilingüe afectará a sus hijos a largo plazo, pero de momento están muy contentos. Reconocen que el hecho de hablar varios idiomas sí ha marcado las personalidades e identidades de sus hijos, pero no lo ven como un problema. «Los niños se encuentran más a gusto entre otros chavales "transculturales" que usan inglés, sea cual sea la mezcla en casa. También será porque es una situación bastante común en su colegio. O que ahí es donde encuentran lo más parecido a un sentido de pertenencia».

«Bilingüismo optativo» con OPOL

Incluso a pesar de las dificultades que hemos comentado, podemos considerar que los padres hablantes nativos se encuentran en una posición más idónea que las familias en las que uno o ambos padres hablan a sus hijos en un idioma en el que no son nativos. Por supuesto, es muy habitual que los padres utilicen un idioma en el que no son nativos para su vida familiar, pero estamos más acostumbrados a este tipo de decisiones cuando la gente se ha trasladado de un país a otro y adopta el idioma del nuevo país. Resulta menos habitual que alguien elija hablar lo que para ellos es una lengua extranjera en un país en el que este idioma no es el idioma comunitario. A esta situación se le denomina «artificial», «no nativa», o «bilingüismo optativo». No es tan conocido, pero contamos con varios ejemplos para demostrar que se puede conseguir.

Caso real	Nombres de los padres	País de residencia
Caso real 6	George Saunders	Australia
Caso real 7	Bryan y Elizabeth	Pennsylvania, EE. UU.

Caso real 6: George Saunders, alemán en un hogar inglés (caso publicado)

Madre: **inglés,** algo de alemán
Padre: inglés, **alemán** (como segundo idioma)
Padres entre sí: inglés
Comunidad: inglés
Hijos: inglés, alemán

Caso real 6	PUNTOS FUERTES	PUNTOS DÉBILES
Aporte	Otros padres también hablan la lengua minoritaria.	Padre no hablante nativo de la lengua minoritaria.

Familiares		Ninguno.
Comunidad	Padre utiliza la radio de onda corta para estar en contacto con hablantes nativos.	No es posible escolarización en alemán hasta el instituto; pocos hablantes de alemán en la zona; multilingüismo es la excepción.
Libros y otros recursos	Disponibles (con esfuerzo).	
Actitudes y experiencia	Ambos padres favorables.	
Nivel de compromiso	Mucho compromiso emocional e intelectual.	

George Saunders, profesor de alemán en Australia que crio a tres hijos bilingües en alemán-inglés, nos proporciona un caso bien documentado de «bilingüismo optativo». Él era un hablante nativo de inglés que en la universidad había estudiado filología alemana. Además, durante un breve periodo de tiempo también su mujer vivió en Alemania, aunque no se sentía tan cómoda con el idioma. Saunders contó la aventura familiar en dos libros publicados en la década de 1980, aunque siguen siendo de interés. En ellos explica la razón fundamental: quería que sus hijos le ayudaran a mantener su alemán, tanto porque le gustaba mucho hablarlo, como porque mantenía la esperanza de que algún día todos regresarían a Alemania. Como mínimo quería dejar abierta la posibilidad. Su mujer había estudiado alemán, pero estuvo encantada de ser el «padre inglés», aunque en la situación ayudó mucho que fuera capaz de entender el idioma y no quedara marginada en los intercambios en alemán entre el padre y los hijos. Ella también se mostró muy feliz cuando por fin visitaron Alemania después de unos diez años de haber empezado este proceso.

De alguna manera, para Saunders también suponía un experimento. Como lector de la obra de Joshua Fishman, el experto internacional en reversión del cambio lingüístico, se dio cuenta de que el futuro de muchos idiomas dependía de que la gente mejorara la forma en la que transmiten varios idiomas a sus hijos. Puede que los idiomas con cada vez menos hablantes no sobrevivan si los hablantes no nativos son capaces de que las nuevas generaciones crezcan como hablantes nativos. Normalmente, esta solución se descarta por no ser factible para familias individuales, así que quiso probar lo fácil o difícil que resultaba conseguirlo, aunque estaba dispuesto a abandonar si se reflejaba en los niños algún efecto negativo. Para su deleite, los niños lo hicieron bien, y él se divirtió tanto como había previsto.

El método de Saunders no fue distinto al que hubiera utilizado si hubiese sido un hablante nativo. Llevaba a cabo las rutinas de la vida diaria, pero en alemán. Creo que ayudó que fuese un padre muy comprometido, que parecía divertirse de verdad al jugar con sus hijos, y por eso pasó más tiempo con sus hijos. En las diversas transcripciones de sus grabaciones que aparecen en el libro se aprecia un cariñoso toma y daca entre padre e hijo. Resulta fácil entender el deseo del hijo por agradar al padre y hablar su idioma preferido. Él los engatusaba y animaba, pero sin forzarlos. Debe haber sido muy satisfactorio para los hijos, porque parecían encantados con la situación. En muchas declaraciones a lo largo de los años han reconocido lo natural que les resultaba hablar con su padre en alemán, y lo raro y poco natural que les parecía que les hablara en inglés. «¿Qué harías si te hablara en inglés?», pregunta a su hijo mediano. «Te respondería en alemán», le contesta el niño sin la más mínima duda.

El libro de Saunders proporciona consejos prácticos para ciertos problemas que pueden ser específicos de los padres que hablan una segunda lengua. Por ejemplo, si necesitaban una palabra que no les salía, se ponían de acuerdo en utilizar una fórmula hasta que podían consultar un diccionario o con un hablante nativo. Una vez hecho esto, Saunders utilizaba una estrategia para corregir la palabra incorrecta. Además, también se preocupaba por analizar el progreso de los niños en alemán y con regularidad llevaba a cabo exámenes en una atmósfera lúdica y divertida, y casi siempre tenía en un segundo plano una grabadora. Aquellos que sigan su ejemplo no tienen por qué centrarse en las mediciones que realizaba, pero anima saber que los niños estaban por encima de la media en inglés y que alcanzaron un nivel de alemán muy razonable.

Caso real 7: *La herencia de los padres, entre España y Estados Unidos*

Algunos hablantes no nativos con los que tengo relación tienen unos objetivos más modestos para el uso de la lengua no mayoritaria con sus hijos. Quieren que, con el tiempo, sus hijos sean capaces de funcionar en otro idioma, pero por el momento se conforman con que entiendan otro idioma, y en casa utilizan una segunda lengua para hacer de sus hijos mejores ciudadanos, más conscientes y abiertos a otros idiomas y culturas. Como para Saunders, para muchos de ellos «el otro idioma» tiene valor sentimental, aunque el «éxito» no requiere un bilingüismo activo por parte de los niños.

Madre: **inglés, algo de español**
Padre: inglés, **español** (aprendiz tardío)
Padres entre sí: inglés, algo de español
Comunidad: inglés
Hijos: inglés, algo de español

Caso real 7	PUNTOS FUERTES	PUNTOS DÉBILES
Aporte		Padre y madre no nativos.
Familiares		Hablantes de catalán, reacios a hablar español.
Comunidad		Pocas perspectivas de escolarización.
Libros y otros recursos	Disponibles.	

Actitudes y experiencia	Ambos padres favorables.	
Nivel de compromiso	Compromiso intelectual del padre.	Madre con alto compromiso intelectual.

Para Bryan, hablar español con sus hijos es una forma de revivir la herencia de su padre, aunque él no aprendió en un hogar en español. Durante varios veranos visitó la casa de su padre cerca de Barcelona, pero cuenta que las visitas no tenían como objetivo que aprendiera español, pues la casa estaba situada en una zona remota, no había primos de su edad y casi todos podían hablarle en inglés). Además, todos los familiares hablaban catalán y español, pero para ellos el catalán era una cuestión de orgullo. Aunque para Bryan el español hubiese resultado más práctico en Estados Unidos, sus familiares no estaban dispuestos a hablarle (o enseñarle) español. Todo lo que aprendió fue en la escuela.

De modo que Bryan desearía haber crecido hablando otros idiomas, y él y Elizabeth, su mujer, quieren ayudarles a sus hijos a conseguirlo. Su primer hijo, Edward, nació en España, su niñera era catalanohablante, y sus primeras palabras fueron en catalán. Al regresar a Estados Unidos, cuando Edward tenía un año, decidieron hablar español en casa. Contrataron a una niñera mexicana y también hablaron español entre ellos. Sin embargo, la niñera quería aprender inglés. Para cuando ella se marchó a casa al año siguiente, el español había quedado adormecido.

Hoy en día, Bryan y Elizabeth viven en una pequeña ciudad universitaria del centro de Pennsylvania, donde se valoran los distintos idiomas y viven parejas extranjeras que están criando hijos bilingües. A pesar de ello, no hay una sola escuela bilingüe cerca. Bryan y Elizabeth intentan hablar todo el español que pueden entre ellos y con los niños, trabajan para que se introduzcan antes los idiomas en las escuelas. La primera vez que conocí a Bryan, llevaba la voz cantante en unos juegos familiares al aire libre. Hablaba al grupo en inglés, pero se dirigía a sus hijos en español. Los niños entendían cuando se les hablaba, y también sabían lo mucho que ese idioma significa para su padre, pero la cantidad de español que oyen está muy por debajo de la necesaria para poder llegar a tener un buen nivel.

Minority Language at Home (mL@H)

El caso de la parte francófona de Canadá es curioso. En general, a muchos canadienses el método OPOL les parece muy satisfactorio, sobre todo en áreas como Quebec, donde el inglés es el «idioma minoritario». La presencia del francés es muy importante, pero el prestigio internacional del inglés, su estatus mayoritario en el resto de Canadá y la cercanía a Estados Unidos hacen que no llegue a quedar totalmente eclipsado. Para conseguir que el otro idioma tenga más peso, muchas familias deciden usar en casa solamente el idioma minoritario, para que el niño oiga la lengua minoritaria de dos padres, en vez de solo uno, como ocurre muchas veces en el OPOL. Básicamente, hay dos niveles de mL@H:

— Inmersión en la lengua minoritaria: Otros hablan siempre la lengua minoritaria con sus familiares, dentro y fuera del hogar, excepto en presencia de no hablantes.
— Lengua mayoritaria fuera de casa: Algunos padres hablan la lengua minoritaria en casa, pero cuando los miembros de la familia están fuera del hogar, hablan la lengua mayoritaria. Por ejemplo, el científico social y lingüista Einar Haugen que el umbral de la casa de sus padres era la pista para cambiar del inglés al noruego.

Cuando Olga, cuyo testimonio contamos antes, compara su experiencia actual con el OPOL con la estrategia mL@H que sus padres usaron con ella, es impresionante comprobar cuánta más exposición a la lengua minoritaria obtuvo con ambos padres hablándole en la lengua minoritaria, y esto le ha ayudado a exponer a sus hijos a la misma lengua minoritaria.

Caso real 8: la infancia bilingüe de Olga

Madre: **español,** inglés (aprendiz tardío)
Padre: **español,** inglés (aprendiz tardío)
Padres entre sí: español
Comunidad: inglés, (español)
Hijo: español, inglés

Caso real 8	PUNTOS FUERTES	PUNTOS DÉBILES
Aporte	Padres bilingües, aprendieron inglés de adolescentes.	
Familiares	Los abuelos vivieron con ellos hasta los ocho años, luego se mudaron a una casa cercana.	
Comunidad	Gran influencia (positiva) de la comunidad en español.	No colegios bilingües en lengua minoritaria; exentos de clases de español por ser un nivel muy básico; clases de español en el instituto.
Libros y otros recursos	Disponibles (además, televisión en español todo el tiempo).	
Oportunidades de viajar	Ninguna.	
Actitudes y experiencia	Ambos padres muy favorables.	
Nivel de compromiso	Alto nivel emocional; nunca dudaron.	También elevado nivel intelectual.

Olga es una «ambilingüe» total, es decir, con igual nivel en inglés y español, porque está alfabetizada en ambas lenguas a un nivel que hace que sea capaz de escribir en los dos idiomas. Su infancia en

Tampa incluyó mucho más español que el que la rodea hoy en día. Solamente vivió en Estados Unidos, pero sus abuelos vivieron con ella hasta que tenía ocho años. Todos hablaban únicamente español en casa. Nadie se lo replanteó nunca: así era como funcionaban. Sus padres no dieron ningún paso para enseñarle inglés, pero según ellos, «ella lo aprendió en el barrio», así que cuando empezó el colegio fue a una clase normal, no a un programa especial.

La importancia de la exposición temprana de Olga cobra relevancia al comparar su experiencia con la de su hermana María, seis años menor que ella, a la cual le costó mucho más aprender español. María tenía los mismos padres, que se sentían más cómodos hablando en español, pero la gran diferencia entre las dos parece estribar en que Olga contaba con que los abuelos vivían en casa, frente a unos números más allá, donde se mudaron cuando Olga tenía ocho años y María, dos. Al tiempo que las niñas crecían, los padres se inclinaban más hacia el inglés. Cuanto más tiempo pasaban en Estados Unidos, más improbable parecía el retorno a Cuba. Con el tiempo, Olga dominó el inglés, no recuerda cuándo, y en general se comunicaba en él con su hermana, aunque aún tenía mucho español. Hoy en día, aunque el español juega un papel menor en su vida, aún disfruta del hecho de dominar ambos idiomas a través del contacto con su abuela, siendo la profe-madre de sus hijos y en un proyecto internacional de investigación con España. También su hermana tiene un buen nivel de español, pero Olga atribuye en menor medida el nivel de su hermana a la exposición cuando era niña que al hecho de vivir de adulta en una pequeña comunidad mayormente hispanohablante.

Time and Place (Tiempo y lugar): «Bilingües accidentales»

Un buen porcentaje de los ambilingües que he conocido consiguieron un alto nivel en dos (o más) idiomas debido a que sus familias se trasladaron de un país a otro, y de nuevo de vuelta. Los trabajos de los padres cambian, o los envían al extranjero durante algunos años. Los niños no hacían nada especial, aparte de acompañarlos. Como reconoce Merieke: «La gente dice que es estupendo que hable dos idiomas. No puedo otorgarme el mérito, tiene más que ver con mi educación que con algo que yo haya hecho». Sin embargo, en su caso, y en el de otros que veremos a continuación, acabaron con un nivel excepcional en dos idiomas.

Caso real	Nombres de los niños	País de residencia
Caso real 9	Isabel	Italia
Caso real 10	Gretchen	Quebec, Canadá
Caso real 11	Liz S.	EE. UU./Francia
Caso real 12	Marieke	Países Bajos/EE. UU.

Caso real 9: Isabel

La madre, estadounidense, de Isabel murió cuando tenía cinco años, y dos años después se trasladó con su padre a Italia. Aunque había aprendido algo de italiano de él cuando era muy pequeña, no estaba preparada para ir al colegio a los ocho años y estudiar junto con niños que habían hablado italiano toda su vida. Isabel recuerda que tuvo seis semanas para prepararse, «lo más difícil que ha hecho nunca». Pero al final lo consiguió, y se muestra orgullosa de ello. Ahora cree que tiene su trabajo actual gracias a que es bilingüe.

Caso real 10: Gretchen

Los padres de Gretchen emigraron de Inglaterra a Canadá, pero sin la intención de que sus hijos se convirtieran en bilingües. Sin embargo, la ley de Quebec obligaba a que, como requisito de entrada en el país, todos los inmigrantes fueran escolarizados en francés. Gretchen tuvo que asistir a un colegio en francés. Al empezar preescolar, solo sabía oui y no, pero a los seis años ya sacaba dieces en lectura y escritura, en francés. Recuerda que era una de las pocas anglohablantes de la escuela, y a veces le tomaban el pelo y le hacían sentir como una extranjera. Sin embargo, se esforzó y llegó a apreciar el francés, que sigue prefiriendo para algunas cosas. Ella recomienda la escolarización en otro idioma y espera poder hacerlo con sus propios hijos.

Nadie buscó a propósito la educación lingüística de Isabel o Gretchen, pero en muchos sentidos nadie podía haber pensado un programa lingüístico más eficaz para ellas. Estas circunstancias fueron fortuitas. Nadie va a recomendarte que desarraigues a tu hijo del colegio como método para que aprenda un segundo idioma, pero anima saber que cuando ocurre (por otro motivo), puede funcionar. Estas experiencias pueden influir en la decisión de un padre de aceptar un trabajo en el extranjero.

Caso real 11: Liz Spelke (caso publicado)

La familia de Liz Spelke, profesora de Harvard, pasó veranos y, excepcionalmente, un año en un pequeño pueblo de Francia. Durante una estancia de un año, cuando matriculó a sus hijos en un colegio francés, su hijo Joe, de tres años, anunció que no iba a decir ni pío en todo el año. Durante cuatro meses, se recluyó en un rincón del aula y jugó él solo, aparentemente sin prestar atención a las actividades de la clase. Spelke estaba segura de que la experiencia sería un completo desastre para él. Pero entonces un día dijo: «Mami, me lo he pensado mejor, voy a hablar», y así de abruptamente terminó su «periodo silente». De pronto decía frases completas, e incluso había aprendido todas las letras de las canciones que cantaban en su clase cuando él, aparentemente, no prestaba atención.

Caso real 12: Marieke, idas y venidas

Madre: **inglés, neerlandés**
Padre: **neerlandés, inglés** (aprendiz tardío de inglés)
Los padres entre sí: neerlandés en Estados Unidos, inglés en los Países Bajos
Comunidad: primero inglés, después neerlandés
Colegio: Neerlandés, instituto anglohablante en los Países Bajos

Caso real 12	PUNTOS FUERTES	PUNTOS DÉBILES
Aporte	Ambos padres sabían ambos idiomas.	
Familiares		
Comunidad	Muchos expatriados en Países Bajos; opciones de escolarización en inglés.	Relativamente pocos hablantes de neerlandés en EE. UU.
Libros y otros recursos	Disponibles en ambos idiomas.	
Opciones de viajar	Muchas.	
Actitudes y experiencia	Ambos padres favorables.	
Nivel de compromiso	Alto compromiso emocional y nivel intelectual.	

También para Marieke las idas y venidas de Estados Unidos a los Países Bajos, y viceversa supuso una experiencia positiva que le ha hecho bilingüe en ambos idiomas y culturas. Tanto su madre, estadounidense, como su padre, neerlandés, hablaban ambos idiomas. Utilizaban el OPOL en Estados Unidos durante los primeros cinco años de su vida, de modo que su neerlandés era muy bueno cuando se trasladaron a los Países Bajos, donde empezó el colegio. En los Países

Bajos, la familia cambió a mL@H en inglés, pero doce años en una escuela neerlandesa la convirtieron en una hablante nativa de neerlandés. Sin embargo, mientras tanto su familia hablaba inglés en casa, y también con un amplio grupo de expatriados que su madre encontró allí. Luego acudió a la universidad en Utrech, en inglés, y ahora realiza estudios de posgrado en Estados Unidos, así que su inglés se ha puesto al nivel del neerlandés. «Cuando hablo inglés, me siento estadounidense y, cuando hablo neerlandés, neerlandesa». Reconoce que tiende a expresar más sus emociones en inglés, o si quiere expresar un sentimiento fuerte. Marieke suena nativa en ambos idiomas, fue educada en ambos y está igual de cómoda a ambos lados del charco.

Estrategias combinadas

Caso real	Nombre	País de residencia
Caso real 13	Maya, mL@H y Time & Place	Chicago/Croacia
Caso real 14	Isabel	Inglaterra y España

Caso real 13: Maya: mL@H y Tiempo y Lugar

Madre: **croata,** inglés (aprendiz tardío)
Padre: **croata,** inglés (aprendiz tardío)
Padres entre sí: croata, después algo de inglés
Comunidad: inglés
Hijos: inglés, croata

Caso real 13	PUNTOS FUERTES	PUNTOS DÉBILES
Aporte	Ambos padres bilingües, dominante el croata.	Se equilibró después de años en EE. UU.
Familiares	Visitas largas de la madre.	

Comunidad		Colegio hostil hacia la lengua minoritaria.
Libros y otros recursos		Algunos disponibles.
Oportunidades de viajar	Veranos con los abuelos en Croacia	
Actitudes y experiencias	Padres favorables.	
Nivel de compromiso	Alto nivel emocional.	A veces demasiado ocupado.

Muchos padres opinan que no creen que sus hijos se hubieran hecho bilingües si no hubieran convertido en hábito las largas visitas en el país en el que se hablaba la lengua minoritaria. Maya y su marido se trasladaron de Croacia a Chicago, de adultos, con su hijo Adam, de cuatro años, que nació en Croacia. Su hija, Tina, nació en Estados Unidos. Como recién llegados que solo hablaban croata en casa, el método mL@H era, según Maya, «lo más natural». Es decir, hablaban entre ellos y con los niños su lengua materna. La niña fue a la guardería desde los quince meses, y el niño también, así que contaron con un entorno anglohablante desde el principio, además del croata que hablaban en casa. «Nuestra hija estaba especialmente cómoda con la situación». Maya cuenta que Tina se fijaba mucho en quién hablaba cada idioma, y se sorprendía cuando alguien no hablaba en el idioma en que se suponía que debía hablar.

Mientras tanto, Maya y su marido estaban atareados con sus estudios y sus trabajos, también en un entorno en inglés, por lo que sus habilidades en inglés también mejoraron, y cada vez se coló más inglés en casa. Para los adultos cada vez resultó más difícil no mezclar ambos idiomas, y más para los niños. Hacia los cuatro años, Tina dejó de hablar croata con sus padres. Ni ella ni su hermano veían la necesidad, y poco a poco la lengua minoritaria «salió por la ventana». A los profesores esto les parecía bien, pues no apreciaban las habilidades de los niños en más de un idioma. Solo les preocupaba alguna mínima falta de fluidez en inglés, e hicieron que los padres sintieran que si el inglés de los niños no era perfecto, era por culpa del otro idioma.

Los padres aún consideraban muy importantes el idioma y la herencia cultural, y no estaban dispuestos a dejarlos desaparecer, así que se esforzaron mucho. Cuando a los seis años Tina hablaba cada vez menos croata, Maya sintió que debía dar un paso adelante: se marchó con ella a Croacia durante unas semanas. Una vez que Maya vio que Tina se arreglaba con la manera de hacer las cosas allí, creyó que podía enviar a la niña de vuelta durante un mes los siguientes veranos con sus abuelos. Allí había monolingües, niños de su edad, tenía un motivo para usar el idioma. Estas visitas dieron un vuelco a la situación. Maya duda que Tina hubiera conseguido hablar croata tan bien y que sintiera una conexión tan fuerte con esa cultura sin los meses de verano que pasó allí.

Caso real 14 Isabel, OPOL en dos países

Madre: **español,** inglés
Padre: **inglés,** español
Padres entre sí: inglés y español
Comunidad: inglés en Inglaterra, español en España
Hijos: español e inglés

Caso real 14	PUNTOS FUERTES	PUNTOS DÉBILES
Aporte	Padre o madre hablantes del idioma minoritario según el país.	
Familiares	Familiares en Inglaterra y España.	
Comunidad		Siempre vivían en comunidades monolingües.

Libros y otros recursos	Disponibles.	
Oportunidades de viajar	Muy frecuentes.	
Actitudes y experiencia	Ambos muy favorables.	
Nivel de compromiso	Compromiso emocional e intelectual.	

Isabel cuenta que llegó a ser bilingüe sin darse cuenta, de forma muy natural. Su madre es española, y su padre, inglés. De pequeña vivían en Inglaterra y cada uno le hablaba en un idioma: «No creo que se lo planteasen con una fórmula concreta, sino que me hablaban de la forma que más natural les salía». Isabel recuerda que entendía perfectamente castellano y que, aunque cuando era más pequeñita (tres o cuatro años) hablaba castellano con acento inglés, este fue desapareciendo con el tiempo y la práctica. En este sentido, las visitas veraniegas a sus abuelos en España ayudaron mucho: «Después del verano volvía hablando perfectamente, lo cual con el tiempo me ha hecho ver que el constante contacto con ambos idiomas es fundamental».

A los nueve años la familia se mudó a España, y continuaron con el mismo método, cada uno de los padres en un idioma y entre ellos mezclaban, a veces su madre hablaba castellano y su padre le contestaba en inglés. Lo quisiera, o no, tanto en Inglaterra como en España Isabel sabía que era diferente, aunque nunca se sintió mal por ello, ni marginada, sino especial.

Sin embargo, a su hermano, cuatro años más joven que ella, sí le molestaba y le daba mucha vergüenza, y por ejemplo intentaba pronunciar con poco acento inglés para no llamar la atención. De ahí que su inglés no haya evolucionado tanto como el de Isabel, pues cuando vio que lo perdía, cada vez le daba más vergüenza e intentaba evitar hablar: «En nuestra experiencia la personalidad de cada uno también ha influido mucho en el hecho de mantener el bilingüismo; de todas formas, ahora mi hermano, aunque lo hable menos, entiende todo perfectamente, pero no es bilingüe como lo puedo ser yo».

Isabel cree que una de las claves para haber conseguido ser bilingüe ha sido mantener muy vivo el idioma siempre, sobre todo a través de la cultura inglesa en casa: «Aunque vivíamos en España, en las comidas de Navidad siempre había pavo, *yorkshire puddings,* o ¡*cauliflower cheese*! Además de *Christmas crackers* o Santa Claus cuando de pequeña en el colegio los demás celebraban los Reyes. Desayunamos té o *beans on toast* y ¡nos encanta el *marmite*!». Sus padres lograron que las costumbres no se perdieran y que la cultura inglesa estuviera, sin que los niños se dieran cuenta, muy dentro de ellos, lo cual hizo que aceptaran el idioma de forma natural. Una vez instalados en España, todos los veranos enviaban a Isabel a Londres a estar con sus tíos, por lo menos, dos semanas: «Yo pensaba que eran vacaciones para estar con mis primos, pero también era una forma buenísima de reciclar y practicar inglés. Cuando llegó la hora de la universidad, me dieron también la opción de estudiar en el Reino Unido... ¡y la acepté!».

Aparte de los veranos, sus padres les ponían vídeos de dibujos en inglés y cintas de cuentos en el coche. Además, su padre le ponía ejercicios en inglés, o hacían juegos de asociación de palabras, como buscar en el diccionario palabras que no conociera, pero siempre sin ser una obligación y poco a poco, para lograr que fuese ella la que quisiera más.

Teniendo en cuenta su buena experiencia, es lógico que Isabel tenga muy claro que cuando tenga hijos quiere que sean bilingües: «Siempre he pensado que el regalo más preciado que me dieron mis padres ha sido el de ser bilingüe, ya que me ha facilitado la vida de una forma increíble. A la hora de relacionarme, a la hora de destacar entre otros y el haber podido conseguir trabajos más fácilmente. Creo que hoy en día hay muchas más facilidades para que los niños no pierdan el idioma; además de los colegios bilingües o incluso trilingües, casi todos los programas de la tele se pueden poner en versión original, hay más programas de estudio en el extranjero, más variedad de libros bilingües o facilidad de comprar publicaciones en otros idiomas en tu país. Conozco a padres que son cada uno de un sitio y no ven la importancia que tiene hablarles desde que nacen, piensan que de mayores ya se engancharán, pero lo que no se dan cuenta es que cuanto antes empiecen a familiarizarse con los sonidos o se acostumbren a dirigirse a uno y a otro en un idioma, mejor, pues con más edad empiezan las vergüenzas, la rebeldía y es más complicado cambiar costumbres».

La influencia de los colegios

Ya hemos visto distintas estrategias familiares para criar niños bilingües. Las familias pueden lograrlo sin los colegios, y en muchas ocasiones deben hacerlo así. Pero cuando hay posibilidad, la escolarización en el idioma, no necesariamente clases de idiomas, puede influir positivamente en la competencia lingüística que el niño desarrolló en casa. Cuando los niños aprenden un idioma de manera informal, aprenden a comunicarse de manera informal (habilidades básicas de comunicación interpersonal). Aprenden «el español de la cocina», o lo que un amigo denomina «el alemán de la televisión». Para pasar a la siguiente fase, para dominar un lenguaje más abstracto con una finalidad académica, los niños necesitan una experiencia «académica», necesitan oír el lenguaje formal en discursos políticos, o artículos científicos. Leer y escribir son los dos caminos más habituales hacia el lenguaje abstracto. Algunas personas muy talentosas pueden conseguir por sí mismas esta experiencia académica a través de una lectura intensiva, pero la mayoría de nosotros llegamos al lenguaje académico a través de la escolarización. La unión de las fuerzas de casa y del colegio crea, en mi opinión, los bilingües más completos.

En mi experiencia, aprender el idioma solo en casa sin el entrenamiento del colegio no desarrolla los diferentes aspectos del idioma en todo su potencial. Aprender en el colegio aporta el nivel académico, pero en general por sí misma no consigue desarrollar un dominio en la lengua minoritaria. El aprendizaje en el colegio de una lengua minoritaria es, por sí mismo, menos efectivo que el que se puede construir en casa. Lo más deseable es una estrategia combinada entre casa y colegio. Cuando los padres no conocen otro idioma, o cuando consagran su tiempo y energía a un idioma distinto, los colegios pueden fomentar la lengua minoritaria, sobre todo si el colegio aprende la lección del hogar y utiliza un método de inmersión. La inmersión, como el propio nombre indica, rodea completamente al niño con el idioma, y lo aprende de dentro a fuera. Lo utilizan mucho más que estudiarlo.

Los colegios canadienses son famosos por sus programas de inmersión en francés para los hablantes de inglés. Los niños que no saben nada de francés, o muy poco, van al colegio completamente en francés desde el primer día. Como ocurre con los niños pequeños que aprenden su primer idioma, en los primeros años de un programa de inmersión, las demandas de comunicación son bajas. El idioma tiende a darse, principalmente, en un contexto no verbal, aunque solo se utiliza el idioma deseado. La complejidad se añade poco a poco y, en unos dos años, los principiantes en el idioma se ponen al nivel que les corresponde en el nuevo idioma.

En el caso de España ha habido un auténtico *boom* de la educación bilingüe a lo largo de los últimos años. En regiones con tradición bilingüe como Cataluña, País Vasco y Galicia se están dando muchos pasos para consolidar los idiomas regionales en los niños a través de la escolarización. Este tema ha creado mucha polémica en el ámbito político, pero lo cierto es que se está viendo un incremento exponencial de hablantes nativos de estos idiomas minoritarios como el catalán, el gallego y euskera sin precedentes. Como ya hemos visto, no es fácil que un idioma minoritario compita con una lengua mayoritaria, pero la escolarización en estos idiomas puede ser de gran ayuda para las muchas familias que desean que sus hijos crezcan de manera bilingüe.

Por otra parte, hay muchas comunidades autónomas que están apostando por un nuevo modelo de escolarización bilingüe en idiomas globales, como inglés o francés. En estos colegios públicos bilingües, los niños dan aproximadamente un 30% de las asignaturas en la lengua minoritaria (inglés o francés). En las regiones bilingües se están implantando otros modelos de colegios trilingües, en los que los niños reciben una parte de esas clases en español, otra parte en el idioma minoritario de la región y otra parte en un idioma global, como inglés o francés.

Aún es pronto para comprobar qué nivel alcanzarán los participantes en estos programas bilingües al final de su etapa escolar, pero de momento todo parece indicar que los niños están aprendiendo mucho más de estas lenguas de lo que aprendían sus padres con las clases tradicionales de idiomas, o en el caso de las lenguas minoritarias regionales, con la ausencia total de escolarización en dichas lenguas. Todos estos métodos tienen ventajas y desventajas, aunque todos pueden funcionar.

Caso real	Nombres de los padres	País de residencia
Caso real 15	Louisa, programa de inmersión	Maryland, EE. UU.
Caso real 16	Shelley, programa de inmersión	Alabama, EE. UU., y Edmonton, Canadá
Caso real 17	Familia Acosta, OPOL y programa de inmersión dual.	Guatemala
Caso real 18	Mihoko, OPOL, escolarización en dos idiomas, time & place	Hong Kong

Caso real 15: Louisa, programa de inmersión en un colegio de Washington, DC

Madre: **inglés**
Padre: **inglés**
Padres entre sí: inglés
Colegio: francés
Hijos: Inglés, francés

Louisa creció en Maryland, cerca de Washington, y asistió a un colegio público con un programa de inmersión en francés hasta los doce años. Todas las clases eran en francés, y ni siquiera en el currículo había una clase de inglés. Sus padres no hablaban francés, así que toda la exposición que recibía era a través del colegio. Al empezar la inmersión en preescolar, no tenía otra referencia de cómo era un colegio. El hecho de que todos hablaran un nuevo idioma no era más novedoso que ponerse en fila, tener pupitres, o comer en el comedor. El colegio organizaba intercambios para que los niños tuvieran la experiencia de oír el francés que se habla en una casa. A los once años, los niños de Maryland fueron a Francia a pasar el verano, y también los niños franceses vinieron a sus casas. Louisa piensa que el intercambio es una buena idea, pero cree que la razón por la que funcionó el programa de inmersión es por los conocimientos de francés de los profesores y por el hecho de que le programa también atrajera a hablantes nativos de francés (hijos de diplomáticos, por ejemplo). Aunque a los niños no se les daba ninguna clase en inglés, posteriormente continuaron sin dificultad en colegios en inglés (e incluso Louisa estudió en una de las universidad es más prestigiosas de Estados Unidos).

Caso real 16: Shelley, momento inadecuado

Madre: **inglés** (madre soltera)
Comunidad: inglés
Colegio: mandarín, inglés
Hijos: uno, inglés; otro aprendiendo inglés y mandarín

Caso real 16	PUNTOS FUERTES	PUNTOS DÉBILES
Aporte		Madre soltera que no habla chino.
Familiares	Familia del ex marido en Taiwán.	Todos menos el bisabuelo hablan inglés.

Comunidad	Escolarización en colegio con programa dual en chino, y varias asignaturas optativas en chino: multilingüismo es común.	Primeros años en la ciudad con poca presencia del chino.
Libros y otros recursos		Algunos disponibles, sobre todo a través del colegio, no muy accesibles para la madre.
Oportunidades de viajar	Varias estancias cortas en Taiwán; estancia de tres meses en Shenzhen.	
Actitudes y experiencia	Madre favorable.	Madre soltera.
Nivel de compromiso	Elevado nivel intelectual.	

Shelley reside en Estados Unidos con sus hijos, Mark y Susan. Shelley no habla chino, pero ambos niños son de origen chino —Mark, el mayor, de su ex marido, de origen chino-americano, y la pequeña, adoptada con once meses y nacida en China—. Por tanto, Shelley desea que tengan la posibilidad de participar en la cultura china.

Mark ha tenido mucho parones en su aprendizaje lingüístico, y a su madre le da la impresión de que sus esfuerzos para que aprendiera la segunda lengua no han dado los frutos deseados. Durante los primeros doce meses de vida de Mark, contrató a una niñera china tres días a la semana. Las primeras palabras de Mark fueron en mandarín. Pero entonces la niñera tuvo que regresar precipitadamente a China. Shelley contrató a otra niñera, pero esta era joven y quería aprender inglés. Entendía inglés demasiado bien, y pronto Mark se dio cuenta de que podía hablarle en inglés, aunque ella se dirigiera a él en chino. Además, Mark también se negaba a quedarse con la niñera cuando Shelley iba a trabajar: «¿Por qué Googoo hace que te marches?», y prefería ir a la guardería.

El periodo más exitoso fue un viaje de trabajo de Shelley de tres meses y medio a Shenzhen cuando Mark tenía siete años. A los tres meses de estar en el colegio y jugar en el barrio, Mark empezó a hablar. Un día, un grupo de niños y él estaban esperando en la parada del autobús y Mark fue el primero en verlo llegar. Cuando anunció que se acercaba, todos los presentes, incluidos los niños chinos, miraron para ver quién lo había dicho, porque sonó como si lo hubiera dicho un niño chino. Sin embargo, pronto regresaron a Alabama y, en un mes, el chino de Mark se esfumó.

De vuelta en Alabama, probaron unas cuantas escuelas chinas de fin de semana, pero cada una tenía sus fallos particulares: en una de ellas la profesora era muy anticuada; otra era para niños que sabían más chino que Mark, y en otra dejaron a Mark solo con un ordenador durante toda la sesión. Cuando por fin se mudaron a Edmonton (Canadá), era demasiado mayor para empezar un programa de inmersión. Los hablantes de una lengua minoritaria pueden empezar un programa de inmersión en cualquier momento, porque podrán aprender la lengua mayoritaria el resto del tiempo, y el programa de inmersión suaviza el proceso de adaptación. Sin embargo, los hablantes de una lengua mayoritaria no se ponen al mismo nivel en la lengua minoritaria con tanta facilidad, así que solo pueden entrar hasta los seis años.

Hoy en día, Mark tiene catorce años, es un buen estudiante, pero no un bilingüe equilibrado. Tiene unos cuantos amigos chinos, algunos de los cuales tienen padres y abuelos que hablan chino, pero no cuenta con nadie que le haga querer hablar chino. Shelley se ha resignado a que los próximos esfuerzos lingüísticos de Mark tengan que venir de él, pero confía en que su exposición temprana le facilite las cosas, si decide hacerlo.

El tiempo parece jugar a favor de su hermana. El traslado a Edmonton le pilló en el momento preciso y ella pudo empezar la guardería en un programa bilingüe. Con ocho años y medio, domina el inglés y le va bien en el programa en chino. Los profesores no insisten mucho con la conversación, así que Susan (MeiLi) no siente que pueda hablar el idioma, y ve el chino más como una asignatura del colegio que como una inmersión. En realidad, en el programa no hay casi hablantes nativos de chino, así que Shelley ha contratado profesores particulares de chino para que trabajen con Susan después del colegio. Susan se esfuerza, pero el idioma no le gusta tanto como el patinaje sobre el hielo, y aún es un misterio su identificación futura con el idioma. Por ahora, para el próximo año sabático de Shelley, Susan intenta que vayan a una parte del mundo que no sea China.

Caso real 17: Las gemelas Acosta, escolarización bilingüe en Guatemala

Madre: **inglés,** español
Padre: **español,** inglés
Padres entre sí: español
Comunidad: español
Colegio: inmersión dual en inglés y español
Hijas: español, inglés

Caso real 17	PUNTOS FUERTES	PUNTOS DÉBILES
Aporte	Padre hablante nativo; madre casi nativa en la lengua minoritaria; padres hablan lengua minoritaria entre ellos.	
Familiares	Familia del marido en el mismo país; visitas de la familia de la madre.	
Comunidad	Programa de inmersión dual disponible; bilingüismo común y esperado.	Viven en un país de habla hispana; inglés es lengua minoritaria.
Libros y otros recursos	Muchos, también en el colegio.	
Oportunidades de viajar	Frecuentes a EE. UU.	

Actitudes y experiencia	Ambos padres favorables.	
Nivel de compromiso	Elevado nivel emocional.	

Muchas ciudades latinoamericanas cuentan con famosos colegios bilingües, como el Colegio Americano de la ciudad de Guatemala. Su programa bilingüe funcionó a la perfección para las gemelas Acosta. Su padre y varios familiares son guatemaltecos, y su madre, bilingüe y con familiares estadounidenses. Las gemelas nacieron en Guatemala, así que el español era su lengua mayoritaria, y el inglés la minoritaria. Residieron en Guatemala hasta su adolescencia, cuando tuvieron que marcharse a Estados Unidos. Sin ningún problema pudieron continuar sus estudios en Estados Unidos y pudieron asistir a la universidad.

La mitad del profesorado de su escuela en Guatemala hablaba español y, la otra mitad, inglés, y los niños rotaban entre las clases según un calendario diario, o semanal. Su bilingüismo parece ser el producto de haber considerado totalmente normal hablar y estudiar en dos idiomas desde el principio. Tampoco les perjudicó que la lengua minoritaria fuese muy potente.

Caso real 18: Charles y Reiko: OPOL y escolarización bilingüe en Hong Kong

Madre: **japonés,** inglés, cantonés
Padre: **cantonés,** inglés
Padres entre sí: inglés
Comunidad: cantonés, inglés
Hijos: cantonés, japonés, inglés y, ahora, algo de mandarín

Caso real 18	PUNTOS FUERTES	PUNTOS DÉBILES
Aporte	Madre nativa en lengua minoritaria, pero trilingüe: padre bilingüe (y aprendiz tardío de inglés).	
Familiares	Abuelos cercanos. vistas en verano.	
Comunidad	Vivían en país bilingüe; colegio bilingüe; multilingüismo es común; acceso a colegio en japonés en verano.	
Libros y otros recursos	Disponibles (biblioteca en japonés).	Mandarín menos disponibles cuando los niños eran pequeños; menos presión en la escritura de japonés.
Oportunidades de viajar	Mucho a Japón.	
Actitudes y experiencia	Ambos favorables.	
Nivel de compromiso	Elevado nivel emocional e intelectual.	

La ciudad de Hong Kong, donde las lenguas comunitarias son cantonés e inglés, fue un buen lugar para que Mihoko y su marido criaran a sus dos hijos bilingües. Mihoko es japonesa, y sus padres residen en Japón, mientras que su marido es de Hong Kong. En casa siguieron el método OPOL, y para el colegio tuvieron distintas opciones a lo largo de los años. Charles y Reiko, ahora con dieciocho y quince años, respectivamente, son trilingües en cantonés, japonés e inglés, y en el colegio aprendieron mandarín. Mihoko cree que hubiesen aprendido cantonés e inglés en cualquier circunstancia porque allí ambos son idiomas oficiales, y los mejores estudiantes de la ciudad acuden a colegios anglochinos. Además, ella deseaba que aprendieran japonés porque no quería hablarles en un idioma que supieran mejor que ella, y también porque quería asegurarse de que podían hablar con sus abuelos.

En su casa se hablan tres idiomas. Los padres hablan inglés entre ellos, Mihoko habla en japonés con los niños, y el padre, cantonés. Cuando están todos juntos hablan cantonés. El primer idioma de los niños fue el japonés, porque Mihoko se quedaba en casa cuando eran pequeños, y fueron muchos veranos a Japón a estar con sus abuelos. A los niños les encanta hablar japonés, porque reciben mucha atención cada vez que lo hacen. Los personajes japoneses de dibujos animados (como Bola de Dragón) los animan a hablar japonés en casa. A sus amigos les viene muy bien que sepan japonés, para que les traduzcan las instrucciones de los juegos y aparatos electrónicos. Mihoko asegura que no les presionó con la escritura del japonés, pero por lo menos pueden escribir a sus abuelos.

Lo que resulta menos común en esta historia es la cantidad de diferentes opciones de escolarización de los niños, además de completarlas con tutores y viajes. Los niños dominaban el japonés cuando empezaron la guardería en cantonés. Después fueron a la escuela en cantonés (que ahora es su idioma dominante) y también empezaron con inglés. En el colegio cantonés tenían diez sesiones de cuarenta y cinco minutos de inglés a la semana, y los padres contrataron estudiantes estadounidenses como refuerzo. Además, durante las vacaciones de verano (entre los siete y los doce años) acudieron a una escuela japonesa de Hong Kong. Su japonés era lo suficientemente bueno como para ser admitidos, y podían aprovechar la biblioteca del centro y apuntarse a clases extraescolares.

Mihoko cuenta que aproximadamente el 70% de los institutos de Hong Kong son anglochinos (también hay opciones con idioma europeos). En general, en los colegios anglochinos el idioma es el inglés, pero matemáticas y ciencias se enseñan en cantonés. El mandarín, el dialecto más extendido de China, no es muy común en Hong Kong, pero a medida que se suceden los cambios políticos, cada vez cobra mayor importancia. El hijo mayor estudió mandarín en el instituto. Puede comunicarse en él, pero sin fluidez. La escuela de Reiko la eligieron porque historia, geografía, chino y arte se enseñan en mandarín, por lo que su mandarín es más sólido.

A Mihoko y su marido no les pareció difícil criar a sus hijos de forma trilingüe porque en la ciudad hay mucha gente internacional y gran variedad de buenas opciones de escolarización. También aceptaron que en algún idioma pudieran no tener tanto nivel. Su objetivo con el japonés era que pudieran comunicarse con sus familiares. Solamente en chino e inglés debían conseguir un dominio académico, cosa que han conseguido.

El marcador: evaluar las estrategias

Es el momento de dar un paso atrás y analizar qué funciona, para quién y dónde.

Política lingüística mixta, Tiempo y Lugar, escolarización bilingüe

Ya he expresado mis reservas acerca de la política lingüística mixta, basadas en las directrices de Joshua Fishman para aquellos que intentan la reversión del cambio lingüístico. Según Fishman, la clave reside en que las comunidades creen ámbitos para cada idioma. Cuando dos idiomas comparten un ámbito, el hogar, o de la esfera pública, compiten uno con otro. Con el tiempo habrá un vencedor y un ganador. El consejo de Fisherman a las comunidades que quieran preservar o añadir su herencia lingüística, igual que tú, consiste en separar los idiomas. Cuando oigo que este tipo de solución ha funcionado para una familia, me alegro, pero creo que tiene menos posibilidades de funcionar en el futuro de lo que lo ha hecho en el pasado.

No es necesario comparar Tiempo y Lugar con otras estrategias, puesto que supone un complemento útil para tus otras estrategias. Si tienes la posibilidad de viajar, o trasladarte durante un año, o más, a un país con otro idioma, por sí misma la inmersión no creará bilingüismo, aunque facilitará y hará más efectivos tus esfuerzos. Lo mismo sucede con la escolarización bilingüe. Este tipo de escolarización no reemplaza tus esfuerzos en casa, pero como hemos visto, enriquece lo que consigues en el hogar. Los bilingües que no son lectores en la lengua minoritaria pueden disfrutar de la comunicación con los hablantes de ese idioma. Incluso puede que alcancen un nivel que los haga «pasar» por hablantes nativos. Sin embargo, los no lectores tendrán las mismas limitaciones que los hablantes de la primera lengua no alfabetizados. Su conocimiento no se ajustará tanto a las normas, y puede resultar menos útil para los negocios, o los propósitos académicos.

OPOL contra mL@H

La cuestión se reduce a qué es mejor, ¿OPOL o mL@H? Lo cierto es que ambos pueden funcionar en distintas circunstancias, pero ninguno de los dos es una garantía en cualquier circunstancia. ¿Hubiese sido Paul (caso real 2) «nativo» en vez de «casi nativo» si hubiera contado con más recursos que solo su padre, o si hubiese ido desde el principio a un colegio en francés, o si le hubieran convencido para leer más en ese idioma? Es muy posible, pero está claro que el OPOL le convenía a la familia y consiguió un niño que puede relacionarse con ambos lados de su familia y que muestra un interés fuera de lo común por los idiomas.

Barron-Hauwert, madre, escritora y miembro del consejo editorial del Bilingual Family Newsletter (Boletín de la familia bilingüe), informa de los resultados de las familias según sus estrategias y el uso del idioma por parte de los niños: monolingüe, bilingüe pasivo, bilingüe activo, o trilingüe. Según los datos, el 80% de las familias contestaron que siempre habían usado la misma estrategia, aunque reconocen que quizá utilizaran algo de la estrategia Tiempo y Lugar como refuerzo. La mayoría se decantó por el OPOL, lo cual no es sorprendente, pues era el objeto de la investigación de Barron-Hauwer.

La media de los niños considerados bilingües activos se situó en el 78%. Sin embargo, dado que la mitad de ellos tenían entre cero y tres años, es pronto como para garantizarles el éxito. Sin contar a los niños de estas edades, el porcentaje baja al 63%. Su encuesta tiene relativamente pocas respuestas de familias que utilizaran mL@H, pero las edades de los hijos de las familias que en la encuesta reconocieron utilizar el mL@H tienden a ser mayores, lo que en mi opinión indica perseverancia. Siguiendo el mismo razonamiento, es decir, descontando al único niño menor de cuatro años en el grupo , en las ocho familias hay cinco niños que se convirtieron en bilingües, un 62,5%. Los porcentajes para ambos métodos suben si se añade a los bilingües pasivos.

   ¿Qué conclusión se puede sacar de este ejemplo? En mi opinión indica que bilingüismo pasivo y activo se pueden conseguir, y que no hay ninguna estrategia que sea mejor que las demás. La mejor estrategia para ti es aquella que le funciona a tu familia.

Decidir la estrategia

El cuestionario del capítulo 4 debería ayudarte a clarificar tus objetivos e identificar tus puntos fuertes y débiles.

¿Tu pareja no habla la lengua minoritaria?
Eso descarta mL@H y Política lingüística mixta.

¿Tu prioridad para que tu hijo aprenda tu idioma es máxima?
Para mí eso descarta Política lingüística mixta (véase el razonamiento del capítulo 4). Probablemente funcionará, pero eso no es una garantía. Quieres estar seguro de que has hecho todo lo que estaba en tus manos para facilitar el aprendizaje. Puede que también signifique que, si es posible, usarás mL@H y estarás dispuesto a implementar Tiempo y Lugar, veranos en el extranjero y un año sabático en un país donde ese idioma sea el mayoritario.

¿Eres padre soltero?
Probablemente elegirás OPOL. Algunas personas explican que un abuelo puede ser como «otro» padre, pero tiene que ser un abuelo que vea al niño a menudo, veinte horas a la semana como mínimo. También hay que ver las posibilidades de escolarización disponibles para el niño, además de otros grupos de apoyo.

¿Quieres hablar un idioma en el que no eres nativo, y tu pareja habla la lengua mayoritaria?

Te sentirás más inclinado por el OPOL. Será bueno para el niño contar con un modelo nativo en uno de sus idiomas.

¿Eres un hablante no nativo y tu pareja habla una lengua minoritaria?

Puede que optes por mL@H, y así utilizar tu aporte no nativo para aumentar la cantidad de interacción en la lengua minoritaria y contar con que la comunidad y los colegios le ayuden a tu hijo con la lengua mayoritaria.

Proporcionar motivo y oportunidad, pero ¿cómo?

El consejo para proporcionar a los niños motivo y oportunidad en la lengua minoritaria se parece al típico consejo para jugar en Bolsa: «Compra barato, vende caro». Es más fácil decirlo que hacerlo. Si fuera tan sencillo, todos seríamos ricos. Sin embargo, no es nada fácil, y muchas de las variables escapan a nuestro control.

Lo mismo sucede con los consejos para dar a los niños motivo y oportunidad de utilizar la lengua minoritaria. En este capítulo hemos visto algunas estrategias para crear oportunidades que, hasta cierto punto, están bajo nuestro control. Lo más importante y crucial es proporcionar un motivo. Si los niños quieren usar el idioma, buscarán las oportunidades de hacerlo. Por tanto, tu tarea consiste en crear el deseo en tu hijo.

Es difícil, pero no imposible. Los padres lo hacen continuamente. De hecho, es una parte crucial de la misión de los padres crear y sostener el deseo de los niños de vivir en armonía con otros, incluso con sus hermanos.

Ya hemos hablado sobre cómo organizar el propio hogar. Algunas estrategias consiguen al mismo tiempo motivo y oportunidad. Por ejemplo, una motivación que no falla es hacer que la lengua minoritaria sea la única lengua del niño. No debes hacer nada extraordinario para que un niño sano hable; de hecho, es más difícil que estén en silencio. De forma que en las primeras etapas del desarrollo, si solo existe un idioma en el entorno del niño, lo hablará. Sin embargo, siendo realistas, sabemos que vivimos en un mundo con grandes posibilidades de elección para el niño. Por ejemplo, en un hogar OPOL, el horario de los padres implica cuánta oportunidad tendrá el niño de hablar con ellos. Pero incluso si las oportunidades están equilibradas, siempre está la cuestión de con qué padre prefiere hablar el niño.

¿Con quién preferirías hablar, con el que te enseña a limpiar bajo tu cama, o con el que juega contigo?, ¿con el padre que te riñe, o con el que te elogia?, ¿querrá hablar el niño con el padre que habla demasiado rápido, o utiliza un lenguaje muy complejo? Ellos no sabrán cómo decirte que vayas más despacio, tendrás que ser capaz de decírtelo a ti mismo.

Chistera de trucos

También los publicistas son expertos en crear, en distintos segmentos de la población, el deseo de comprar objetos con los que somos incapaces de vivir. Aunque no soy partidaria de adoptar una atmósfera comercial en tu casa, puede que te interese copiar algunas pistas de los anuncios, para mejorar la querencia por el segundo idioma. A continuación, en la Tabla 8 se muestran algunas estrategias fáciles de seguir.

Tabla 8: Chistera de trucos: Cómo animar al niño a hablar la lengua minoritaria

Truco 1: *Beso*   Es sencillo y fácil de repetir.
Truco 2: *Repetición*   Aprende canciones con refranes fáciles de aprender y difíciles de olvidar.
Truco 3: *Consigue que sobresalga*   Usa colores brillantes e imágenes atrayentes para captar la atención del niño en la lengua minoritaria.

Truco 4: *Asocia la lengua minoritaria con cosas deseables*
Puedes utilizar la psicología más elemental para asociar la lengua minoritaria con ciertos placeres. Utilízalo para hacer sentirse cómodo al niño, jugar, o ir al cine. Di en la lengua minoritaria: «¡Vamos a por un helado», pero no «Saca la basura».

Truco 5: *Haz que tu habla sea monolingüe*
No me cansaré de repetir que debes ser coherente. Los niños se dan cuenta de cambios imperceptibles en el uso de los idiomas de los adultos, y entonces ellos se igualan con los adultos. Si cambias constantemente, que no te sorprenda que el niño también lo haga.

Truco 6: *Sírvete de pequeños premios*
Algunos psicólogos desaconsejan el uso de premios como reconocimiento a comportamientos porque creen que es contraproducente. Esto no invalida que puedas realizar, por ejemplo, lo siguiente: al empezar la cena, cada miembro de la familia cuenta con un platito con cinco céntimos. Cada vez que alguien dice algo en el idioma «equivocado», pone un céntimo en la hucha. Al final de la cena te quedas con los céntimos que aún estén en tu platito.

Truco 7: *Sé especialmente atento*
Ayuda al niño a encontrar la palabra que necesita, pero no le interrumpas ni le corrijas En vez de eso, contad historias juntos, como vimos en el capítulo 2.

Truco 8: *Utiliza una frase divertida para captar la atención del niño y llevarlo de vuelta a la lengua minoritaria*
Una simple expresión puede desencadenar el uso de la lengua minoritaria.

Truco 9: *Sé coherente*
Pero no inflexible.

Truco 10: *Utiliza refuerzos positivos en vez de castigos*
Es preferible usar «mensajes del yo», como «Me encanta cuando hablas mi idioma». Cuando buscas cosas que elogiar, tu actitud es más positiva.

Truco 11: *Utiliza tu imaginación*
Muchas personas han tenido éxito con muñecos que solo hablan un idioma. Pude ser simplemente un calcetín, reutilizado como muñeco, y a los niños les encanta entrar en ese juego.

Truco 12: *Sé realista*
Nadie aprende un idioma de la noche a la mañana. Reconoce los progresos cuando los tengas delante. No hay solo una versión del «éxito», y todo lo que no case con tu visión del éxito no supone un fracaso.

Por sí mismo, el lenguaje es una habilidad poco parecida a cualquier otra. Por otra parte, los comportamientos lingüísticos siguen los patrones de otros comportamientos humanos que te resultan familiares por otros ámbitos de tu vida.

Es importante que tengas una actitud positiva y que creas en lo que haces, para que no dudes y empieces a abandonarlo tras convencerte de que no merece la pena. Cuando tienes un compromiso emocional con el segundo idioma, quieres superar todos los obstáculos. No puedes volverte agresivo o castigar por el uso de un idioma, porque solo conseguirás que tu hijo lo odie. Sin embargo, tu propio deseo no es suficiente para el niño. Tienes que conseguir que él tenga el deseo, y asegurarte de que siempre le resulte divertido.

Para algunas personas, una vida bilingüe les llega de forma natural, pero otras necesitan que los alientes y convenzas, con un libro como este y con todos los ejemplos que te rodean.

CAPÍTULO 6

¿Hay niños que no puedan aprender dos idiomas?

Hasta ahora hemos hecho hincapié en los aspectos positivos de aprender más de un idioma. En este capítulo te damos algunas directrices para ayudarte a decidir cuándo puede ser menos conveniente para el niño empezar o continuar con dos (o más) idiomas.

En otros capítulos he sugerido que todos los niños son capaces de aprender dos (o más) idiomas, si viven en el entorno adecuado. Asimismo, comparé la adquisición de dos lenguas de forma simultánea y la adquisición temprana de una segunda lengua con la adquisición monolingüe de una primera lengua, y sugerí que su desarrollo es muy similar. En la adquisición temprana de una segunda lengua, y en la de la primera, las diferencias individuales en la manera en la que los niños aprenden a hablar son mínimas, si se las compara con la uniformidad global de los niños al hacerlo (en todos los idiomas, culturas y países). Sin embargo, esto no quiere decir que los niños bilingües no puedan sufrir ningún problema.

¿Hay niños incapaces de aprender dos idiomas?

Como sucede con los niños monolingües, los bilingües no son inmunes a los impedimentos lingüísticos. Puede que los niños tartamudeen, o tengan problemas para pronunciar algunas palabras. También es posible que sufran algún problema que les afecte al lenguaje. Con frecuencia, los niños con sordera, síndrome de Down, o autismo sufren impedimentos lingüísticos en su primer idioma. Otros presentan un tipo de problema denominado Disfunción específica del lenguaje. Los niños con esta disfunción son como los demás en todos los aspectos, pero consiguen puntuaciones más bajas de las esperadas en los exámenes lingüísticos. No procesan tan bien las formas gramaticales, construyen frases más breves y simples, con más pausas, dudas y repeticiones que los otros niños de su edad.

En sí mismo, el impedimento lingüístico, incluyendo la disfunción específica del lenguaje, no significa que un niño no pueda aprender dos idiomas, pero el proceso de tomas de decisiones es distinto que si no hubiese impedimento. Si sospechas que un niño bilingüe sufre un desorden lingüístico, es importante encontrar ayuda profesional especializada en desarrollo bilingüe. Si no puedes encontrar un médico especialista en bilingüismo, por lo menos deberías buscar una segunda opinión. En primer lugar, deberían revisar la capacidad auditiva del niño. Después, si alguien con conocimientos sobre el desarrollo lingüístico dual determina que un niño bilingüe muestra signos de algún tipo de impedimento, el tratamiento recomendado no consistirá en abandonar automáticamente uno de los idiomas. Un profesional debería ayudarte a evaluar, teniendo en cuenta las circunstancias sociales, culturales y educativas (incluyendo el uso de dos idiomas), si para el niño resultará beneficioso, o no, continuar con los dos idiomas mientras está siendo tratado del problema que se le haya diagnosticado.

Antecedentes

Excepto que exista algún impedimento físico, todo aprendemos a andar y, también, a hablar. Sin embargo, aprender a leer es una «conquista» mucho más reciente en la historia de la humanidad, por lo que saber leer está menos extendido. Aprender a leer plantea más problemas que la expresión oral y su síndrome tiene nombre propio, dislexia, que se refiere a los problemas de la gente para conseguirlo.

Sin embargo, no hay ningún problema llamado «disbilingüismo». Algunas personas parecen tan superiores a otras a la hora de aprender una segunda lengua, que da la impresión de que sea más un «talento» que una cualidad humana, aunque no lo sea. Si hablar un primer idioma es como andar, tal vez podamos comparar aprender una segunda lengua con andar en bici. No todos los que aprenden a andar, aprenden a andar en bici. Algunas de las razones para no aprender a andar en bici no tienen nada que ver con las capacidades del niño. Puede que no haya tenido acceso a una bici, o que viva en un lugar, como el desierto o la selva, en la que no se puede andar en bici. Además, podemos imaginar algunas características del propio niño que desaconsejen que se monte en una bici. Por ejemplo, un problema de equilibrio le dificultaría dominar la técnica. Una visión deficiente, o la hemofilia, podrían hacer que andar en bici fuese demasiado peligroso. En esos casos puede que los peligros de andar en bici superen a los beneficios.

Como ocurre con andar en bici, puede que algunas características del niño hagan desaconsejable que aprenda dos idiomas. Podemos buscar potenciales problemas en las subdestrezas requeridas, una memoria escasa para los sonidos o problemas auditivos, que pueden descartar el aprendizaje de dos idiomas. También podemos considerar si existen ciertas situaciones sociales según las cuales aprender dos idiomas podría ser perjudicial, o gravoso para el niño. ¿Cuáles podrían ser estas situaciones? ¿Son muy comunes? ¿Cómo pueden los padres reconocer estas características del niño para las cuales aprender dos idiomas puede ser perjudicial?

En general recomiendo que tu hijo aprenda una segunda lengua por los muchos beneficios cognitivos y sociales que acarrea. Estas ventajas también están disponibles para los niños con desórdenes lingüísticos. Sin embargo, reconozco que hace menos daño a un niño no tener una segunda lengua que una primera, o por supuesto no tener qué llevarse a la boca, tener la autoestima baja, o muchas otras cosas que son prioritarias para los padres. Normalmente, es posible aprender un segundo idioma sin interferir con otros objetivos vitales. De hecho, el segundo idioma puede ser útil para conseguir otros objetivos, aunque en la vida todo es cuestión de equilibrio. Puede haber momentos en los que la energía necesaria para mantener un entorno bilingüe supera a los beneficios esperados. Tú eres quien en última instancia tiene que decidir si, en tus circunstancias, la ecuación entre coste y beneficio merece la pena.

¿Qué ocurre con los impedimentos lingüísticos?

A continuación vamos a mostrar que no siempre hay que descartar el bilingüismo a causa de un desorden lingüístico. En el pasado, educadores y psicólogos culpaban de cualquier desarrollo lingüístico en el niño bilingüe que ellos consideraran lento o desviado a la segunda lengua. Eso hacía fácil «corregir»: abandonar la segunda (o tercera) lengua. Sería estupendo que esa solución funcionase, pero no hay ninguna evidencia de que sea así. Cómo no, existen datos anecdóticos, pero no una investigación que muestre que los impedimentos del lenguaje proceden o se agravan por aprender dos idiomas.

Los niños en circunstancias bilingües no son distintos de sus semejantes monolingües en lo que se refiere al aprendizaje de la primera lengua. Todos los niños relativamente sanos se convierten en hablantes «nativos», aunque dentro de esa uniformidad hay variables dentro del término «nativo». Un reciente estudio llevado a cabo en Estados Unidos por el logopeda Bruce Tomblin estableció que cerca del 7% de los niños de cinco años podrían ser diagnosticados con una Disfunción específica del lenguaje. Es decir, estaban desarrollando todas las capacidades de los niños, pero su puntuación en las pruebas lingüísticas fue un punto y medio por debajo de la media, y eso que contaban con los servicios lingüísticos especiales de un logopeda. Los niños con otros impedimentos que causan problemas lingüísticos estaban un punto o dos por debajo.

Uno de los mayores obstáculos para aprender un primer o un segundo idioma son las dificultades auditivas. Si un niño tiene problemas con cualquiera de sus idiomas, lo primero que hay que hacer es comprobar si oye bien. Puede que sea una situación temporal, como un dolor de oídos frecuente, y tratarse con antibióticos o con unos tubos que permiten su drenaje y facilita el paso de los sonidos hacia le cerebro. O puede ser un problema más permanente, como la sordera, o uno menos habitual, como la «neuropatía auditiva» (en la neuropatía, el problema provoca que los nervios envíen la información auditiva al cerebro de forma poco consistente).

Tres académicos canadienses, Genesee, Paradis y Crago, especialistas en las áreas del desarrollo bilingüe del lenguaje y de los desórdenes lingüísticos, describen la relación entre el bilingüismo y el desorden lingüístico de la siguiente forma:

«Todo lo que conocemos sobre los niños nos dice que son capaces de aprender más de un idioma, simultánea o sucesivamente. Es más, nuestro propio trabajo con niños bilingües en francés-inglés con una Disfunción específica del lenguaje […] atestigua su capacidad para aprender más de un idioma».

En resumen, los niños con problemas lingüísticos pueden aprender dos idiomas. Estos autores continúan diciendo que hay muchos aspectos desconocidos sobre los problemas de los niños bilingües, tanto para decidir si hay un problema como para elegir el tratamiento adecuado cuando se encuentra un problema. Por tanto, prosiguen, hoy en día el diagnóstico y el tratamiento de los problemas lingüísticos de los niños bilingües tiene más de arte que de ciencia. Cada caso debe ser evaluado a la luz «del conocimiento lingüístico compensado por la experiencia y el criterio profesional». En otras palabras, no hay ninguna panacea. Cada caso debe ser valorado individualmente.

Evaluación e intervención en dos idiomas

Según Genesee, Paradis y Crago, los estudios realizados hasta la fecha (muy pocos) indican que las capacidades de la primera lengua, o los logros académicos, de los niños con una disfunción específica del lenguaje que están aprendiendo un segundo idioma en una situación de inmersión (como las recomendadas en este libro), no se ven afectados. Es decir, sus impedimentos con la primera lengua no son diferentes de los que sufren los niños con una disfunción específica del lenguaje en programas monolingües. Sin embargo, incluso los niños con esa disfunción aprenden más de la segunda lengua que los niños con su mismo perfil que no reciben la exposición extra del programa de inmersión.

Genesee y otros autores demuestran que la mayoría de los niños bilingües con impedimentos en un idioma muestran desórdenes equivalentes en las dos, aunque distintos idiomas presentan diferentes zonas de vulnerabilidad, de modo que, de hecho, los síntomas de los desórdenes serán distintos para cada idioma. Las estructuras que tienen más posibilidades de verse afectadas dependen de la estructura del idioma en cuestión. Por ejemplo, en idiomas como el español y el italiano, donde las terminaciones de los verbos tienen más influencia gramatical, los niños, en general, los aprenden antes y lo hacen bien, incluso aquellos con una disfunción específica del lenguaje. Sin embargo, los pronombres les resultan más difíciles, y ciertos errores con los pronombres son indicativos de un desorden. Por el contrario, un problema muy común para los niños que aprenden inglés son las terminaciones de los verbos, sobre todo para el pretérito perfecto simple (por ejemplo, decir «he walk», en vez de «he walked»). En alemán, los investigadores han señalado problemas típicos con el orden de las palabras, lo que les ayuda a identificar un problema lingüístico.

Si reconoces problemas con alguna de estas señales, merece la pena dar un paso atrás y conseguir un diagnóstico más amplio. Según Genesee y sus coautores, los impedimentos mostrados en una determinada lengua por los niños bilingües recuerdan a los impedimentos de los niños monolingües al hablar su idioma (las terminaciones de los verbos, en inglés; los pronombres, en francés, y el orden de las palabras, en alemán). En sus investigaciones con niños con una disfunción específica del lenguaje que aprendían inglés y francés, no encontraron impedimentos específicos de los bilingües. Sin embargo, advierten que hay un par de comportamientos característicos de los niños bilingües que, en general, se confunden con problemas.

Comportamientos bilingües normales tomados por problemas

El primero es la «mezcla». Muy a menudo, los monolingües observan que los bilingües mezclan sus dos idiomas, y sacan la conclusión de que se trata de un problema cuando, en realidad, no lo es. En el capítulo 3 vimos que mucha de la mezcla observada en los niños es un reflejo de la mezcla de los adultos bilingües de la comunidad. De hecho, si en general los adultos cambian entre sus idiomas en una conversación, sería extraño que sus hijos bilingües no lo hicieran. Sin embargo, más allá de eso, en los niños más jóvenes puede verse cierto intrusismo de un idioma sobre otro que no es copiado de los adultos. Cierta parte de ese intrusismo es positiva y, otra parte, negativa, pero sea cual fuere, no debería ser la base para diagnosticar un impedimento lingüístico.

Otro comportamiento normal que puede conducir a un diagnóstico falso es la tendencia natural de los bilingües a tener un idioma dominante y otro que no lo es. Si uno de los idiomas de un niño está por debajo de la media para su edad, con frecuencia la razón es que no hay una exposición suficiente a ese idioma, no un impedimento. Por tanto, es fundamental evaluar al aniño en los dos idiomas o, por lo menos, en su idioma dominante. No se debería usar la misma prueba para los dos idiomas, pero cada una debería tener como objetivo las estructuras en las que puede esperarse cierta desventaja en un hablante monolingüe de ese idioma.

BARBARA ZURER PEARSON

Cuándo buscar ayuda

A menudo, la clave para buscar ayuda es comprobar que el aprendizaje verbal del niño en casa y en el colegio es considerablemente más bajo que el de otros niños. Debemos buscar ayuda sobre todo si observamos un problema con las estructuras que alertan a los médicos de un problema con ese idioma en los monolingües. Dado que no hay diagnósticos basados en niños bilingües, los de los niños monolingües deben ser aplicados con cautela, tal vez con cierta flexibilidad en las cifras por la menor exposición al idioma. Esto es especialmente relevante si no hay otra alternativa que examinar al niño en su lengua no dominante. Si el niño va muy retrasado, o si tiene retraso en el idioma dominante, es importante no quitarle importancia y pensar que es porque es bilingüe, y por ello dejar de actuar.

Muchos retrasos pueden superarse, o reducirse, con la ayuda de un logopeda. Genesee, Paradis y Crago señalaron que, en general, la terapia en un idioma es beneficiosa para los dos, sobre todo si es en la lengua dominante, pero menos efectiva que la terapia en los dos idiomas. En vez de abandonar uno de los idiomas, la mejor solución, si es posible, es hacer terapia en los dos idiomas (además, esta estrategia evita los problemas psicológicos provocados por el abandono súbito de uno de los idiomas).

De manera que cuando las cosas no van bien con el idioma de un niño, y una vez comprobada su capacidad auditiva, los padres deberán enfrentarse a dos cuestiones:

— ¿Está siendo debidamente diagnosticado el problema del niño según lo que conocemos acerca del desarrollo lingüístico de los niños bilingües?
— Para que la terapia elegida sea lo más efectiva posible, ¿es el segundo idioma provechoso, perjudicial, o neutral?

La decisión de seguir con el segundo idioma depende de estas dos cuestiones. En este capítulo veremos los casos de padres cuyos hijos han sido diagnosticados con un impedimento lingüístico. En algunos casos, cuestiono el diagnóstico; en otros, comparto contigo el análisis de los padres sobre los potenciales beneficios que se ganan o se pierden al abandonar la segunda lengua. Además, veremos casos de padres que han decidido abandonar la segunda lengua y otros que han decidido seguir adelante, a pesar del impedimento de su hijo, incluso a pesar de un impedimento auditivo.

Cuestionar el diagnóstico

Sé de personas que quince años después se arrepienten de haber abandonado el uso de su idioma con su hijo porque un profesor les recomendó que sería mejor que el niño solo oyera una lengua (debo añadir que muchos pediatras suelen dar consejos similares, aunque no sean expertos en el tema).

Caso real 19: Alicia, falta de confianza

Alicia, una de las madres participantes en el libro, nos contó: «Si pudiera empezar de nuevo, no haría caso a la profesora de primaria de mi hija sin contar con una segunda opinión». Al parecer, ocasionalmente, a los seis años la niña seguía mezclando pronombres, así que la profesora llegó a la conclusión de que la niña estaba «confundida» porque también le hablaban en catalán. Desde entonces, Alicia ha realizado estudios de lingüística, y se ha especializado en la adquisición del lenguaje. Según explica: «Si entonces hubiera sabido lo que sé ahora, jamás hubiera abandonado el idioma de mi familia por una pequeña distorsión en la facilidad para hablar de una niña de cinco años».

En una situación similar, los padres de Radha, hablantes de tamil, tuvieron más confianza y fueron mejor aconsejados durante un otoño en el que Radha tuvo algunos problemas con el idioma. Después de pasar un año en la India, cuando empezó de nuevo el colegio en inglés, en Estados Unidos, no se adaptó inmediatamente. Los profesores les sugirieron a sus padres que dejasen de hablarles en tamil para facilitar la transición al inglés. Además querían que repitiera el año que había estado fuera, aunque hubiese asistido a una escuela en la India. Los padres de Radha solicitaron a la escuela algo de tiempo para permitir que volviera su fluidez en inglés. El problema había sido olvidado dentro de unos meses.

Caso real 20: Marcia M.

De forma parecida, Marcia M., cuyos padres le hablaban en francés y español en casa en Estados Unidos, era un poco lenta, a los siete años, para aprender algunos de los sonidos más complejos en inglés. En vez de cambiar los idiomas en el hogar, sus padres la enviaron a reforzar su formación fonética. Después de un breve periodo de terapia, el problema quedó resuelto. De adulta, Marcia cree que su domino de los tres idiomas le ha permitido encontrar su actual trabajo en el mundo de la edición internacional.

Caso real 21: Los Koster, el peligro de ignorar las advertencias

Los Koster hablaban con su hija Elena en sus dos lenguas maternas, polaco e italiano, aparte del inglés que aprendía en la escuela y en el barrio donde residía en Estados Unidos. Más de una vez, en dos escuelas distintas, los profesores les advirtieron que los progresos lingüísticos de la niña eran más lentos que los de otros niños de su edad, y que deberían dejar de hablarle en otros idiomas que no fuesen el inglés. Con el argumento de que los profesores no tenían experiencia con niños trilingües, hicieron caso omiso de las advertencias.

Finalmente, a la edad de cuatro años, Elena fue enviada al psicólogo. Después de una serie de pruebas, los padres se alarmaron porque, de hecho, la niña iba retrasada en varias materias, entre ellas el lenguaje. Tenía dificultades para organizar su pensamiento y construir frases, lo que hacía que se expresara con menor fluidez y le resultaba más difícil expresarse y entender a los demás. Siguiendo los consejos del terapeuta, los padres tomaron varias medidas en la manera en la que interactuaban con la niña, una de las más difíciles fue dejar de hablar sus lenguas maternas con ella. En el transcurso de un año o dos, la situación había cambiado radicalmente. El terapeuta trabajó con la niña y enseñó a los padres algunas actividades que podían realizar con ella. Elena comenzó a asistir a una escuela privada con clases más reducidas y un currículo personalizado. Cuando cumplió seis años sus padres dijeron que la niña había «florecido».

Nunca se sabrá si los idiomas extra eran la clave, o si con otros recursos terapéuticos podían haber tratado a la niña a la vez que mantenían sus otros idiomas. Sin embargo, podía haber resultado muy difícil encontrar un terapeuta en Nueva York que pudiese trabajar con todos esos idiomas, sobre todo el polaco.

Incluso si, como dicen Genessee, Paradis y Crago, abandonar un idioma rara vez «cura», los padres deben analizar cuánto esfuerzo merece la pena el segundo idioma para ellos y su hijo. A los Koster les entristecía pensar que su hijo no podría compartir parte de su cultura, pero Elena no tenía una necesidad imperiosa de hablar italiano y polaco en Nueva York. Cuando realizaban breves vistas a sus familias en Europa, o bien la gente le hablaba en inglés a la niña, o uno de los padres le traducía. Incluso podía jugar con los niños locales, con quienes se comunicaba a un nivel muy básico. Ahora tiene nueve años y se muestra muy interesada por los idiomas, incluso está orgullosa de decir que habla italiano y polaco, aunque su nivel sea muy básico.

Caso real 22: Kathryn y Leon, mantener ambos idiomas

Las circunstancias para Kurt, el hijo mayor, de ocho años, de Kathryn y Leon, fueron diferentes. Kathryn y Leon son estudiantes extranjeros de posgrado en un pequeño pueblo universitario del norte de Estados Unidos. Entre ellos y con sus hijos de ocho, cuatro y dos años hablan alemán, y en la zona tienen muchos amigos bilingües en alemán. Probablemente regresarán a Alemania cuando terminen sus estudios, y es posible que los niños continúen el colegio allí.

Cuando llegaron a Estados Unidos, Kurt tenía cuatro años y, al principio, nadie se percató de ningún problema. Jugaba bien con otros niños y se comunicaba de forma eficaz en el parque. Sin embargo, en la guardería, la profesora percibió que Kurt tenía más dificultades que otros niños con los que había trabajado, y sus padres observaron que su gramática alemana no estaba tan desarrollada como si hubiera crecido en Alemania. La profesora les recomendó un programa intensivo de inglés para extranjeros que Kurt podía realizar a tiempo parcial en la escuela, sin abandonar permanentemente su clase. El niño asistió al programa especial durante un año, dos veces a la semana. La atención extra parece haber revertido la situación.

Cuando Kathryn comprobó los antecedentes familiares, encontró que varios miembros de la familia de su marido, incluyéndolo a él, habían tenido problemas con los cursos de inglés y latín requeridos a los estudiantes alemanes. A ella no le hubiera sorprendido que Kurt hubiese tenido problemas con un segundo o tercer idioma si hubiesen residido en Alemania. Aunque fue motivo de cierta frustración y un esfuerzo extra para Kurt, se muestra agradecida porque Kurt tuviera la oportunidad de aprender inglés mucho mejor que si nunca hubiese vivido en Estados Unidos. Si hubiera tenido que abandonar alguno de los idiomas, eso hubiese supuesto un sufrimiento para la familia y para él mismo. Haber tenido que abandonar el alemán hubiese complicado la vuelta de los tres niños a Alemania; haber abandonado el inglés hubiese significado su aislamiento de su círculo social y educativo en Estados Unidos. Con ayuda extra en el segundo idioma, se solucionó el problema, y Kurt es tan bilingüe como el resto de su familia.

Caso real 23: Lisa Potter, dislexia bilingüe tratada con éxito

A Lisa le han diagnosticado dislexia y han adaptado su programa bilingüe para utilizar sus puntos fuertes en el aprendizaje en ambos idiomas y compensar así sus puntos débiles. Es una niña que asiste a un colegio con un programa de inmersión dual en español e inglés en Boston. Sus padres han formado parte del Peace Corp[1] y creen firmemente que los niños deberían conocer más de un idioma y de una cultura. También creen que una segunda lengua le abrirá las puertas a oportunidades laborales internacionales. Querían que, antes del instituto, su hija empezase a aprender otro idioma porque sabían que le resultaría más sencillo y provechoso. Sin embargo, al igual que su padre, que tiene dislexia, temían que un idioma extra fuese una carga demasiado pesada, y se preguntaban si el currículo en un idioma extranjero sería lo suficientemente flexible como para dar cabida a niños con distintos ritmos de aprendizaje.

De hecho, a los Potter no les resultó fácil que a Lisa le diagnosticaran una disfunción específica del aprendizaje, porque Lisa habla tan bien y es tan brillante (y le encanta leer) que no «parece» disléxica. Como habían temido, los métodos educativos de algunos de los profesores de español tendían a ser más tradicionales. Algunos de ellos pasaban por alto el problema de Lisa y simplemente le permitían leer y que no hiciera sus deberes. Otros fueron inflexibles, e incluso castigaban a Lisa cuando no podía responder a sus preguntas. Por tanto, la escuela se convirtió en algo muy estresante, y los padres pensaron que la solución pasaba por cambiarla de colegio. Sin embargo, el director les dio todo su apoyo y les ayudó a idear un plan para Lisa, aunque el colegio no contaba con un programa especial para niños disléxicos. Para empezar se le cambió a otra clase, y un profesional paralelo trabajó con ella en un programa de lectura en inglés durante una hora al día. El resto de las asignaturas las hacía como antes. Entonces, una vez que a Lisa se le proporcionó el material adecuado (además del reconocimiento de que no estaba siendo una vaga, sino todo lo contrario), la tensión desapareció y reaparecieron su confianza y sus ganas de ir al colegio. Una vez que se puso al día, volvió a la clase original, donde estaban sus amigos.

Los Potter no podían permitirse un colegio privado, pero sí pudieron contratar los servicios de un terapeuta privado. Cuando se detectó le problema de Lisa, no quisieron esperar a que aparecieran los espe-

---

[1] Programa del gobierno estadounidense que permite que, voluntariamente, los adultos vayan de cooperantes a otros países.

cialistas del colegio para evaluarla quince meses después. Creyeron que debía ser examinada rápidamente, antes de que se agravase el problema. El terapeuta recomendó un enfoque multisensorial más estructurado, que el colegio puso en marcha para ella. Los padres aún no han encontrado materiales en español para la dislexia de Lisa, pero trabajar en un idioma le ha dado estrategias que puede aplicar en el otro idioma. Además, los profesores ajustaron su carga de trabajo para permitirle usar en sus deberes sus destrezas orales, más sólidas que las escritas.

De manera que Lisa pudo continuar al mismo tiempo con el programa del colegio y con las actividades paralelas que le beneficiaban. La actividad extraescolar de teatro es bilingüe, como muchos de los niños de su grupo de scouts. Madre, padre e hija esperan participar próximamente en un campamento familiar en español organizado por algunos padres del colegio. La familia al completo ha sido aceptada en la comunidad escolar, que refleja la composición de las clases, mitad «anglo», mitad latina, y valora por igual ambas culturas. Su madre, Mary, se ha divertido al hacerse amiga de los padres de los compañeros de su hija, que la han animado a hablarle a Lisa en casa en español, aunque Lisa cree que el acento de Mary es muy fuerte y no le responde en español. Para la madre, una de las mejores cosas del colegio es que, además, está recuperando su español, y toda la familia puede participar en una cultura a la que de otra forma no hubiesen tenido acceso.

Lisa está orgullosa de su capacidad especial y se encuentra muy cómoda en la escuela, donde todos los niños de su clase la consideran su amiga. En vez de permitir que la disfunción de Lisa acabara con su aprendizaje de una lengua extranjera, los padres hicieron todo lo posible por mantenerla en la escuela de inmersión dual. Eso era lo que ellos querían y también lo que Lisa quería.

Caso real 24: Allegra, abandonar la primera lengua a favor de la lengua comunitaria

Una de las familias del grupo de estudio de la Universidad de Miami terminó por abandonar su objetivo bilingüe con su hija de cinco años cuando esta fue diagnosticada con una sordera neurosensorial progresiva poco habitual. En el caso de Allegra, el diagnóstico tardó tanto que, cuando llegó, ya iba muy retrasada en el desarrollo en inglés y hubiese tenido que aprender a una velocidad cuatro veces superior a la media del desarrollo convencional de los niños monolingües. Allegra tenía que recuperar tres años de tiempo perdido.

Los padres de Allegra eran estudiantes de posgrado. El padre era un estadounidense que había estudiado español en el colegio, y la madre, de origen cubano, era una bilingüe perfectamente equilibrada. Al principio, en casa hablaban casi siempre en español, y hacia los dos años, el vocabulario de Allegra era mayormente en español. Según la medida que utilizamos, de media, Allegra estaba en el percentil cincuenta, pero lo consideramos un poco bajo para ella por el alto nivel educativo de su familia. Cuando Allegra tenía dos años, nació su hermano, y sus padres la enviaron a una guardería en inglés. Ella continuó pudiendo hablar en español con sus padres, pero cuando lo intentaba en inglés, le salía muy farfullado, con fluidez pero sin que se pudieran reconocer las palabras. Su madre tenía sobrinos que habían realizado una transición mucho más suave de casi todo en español a una combinación español e inglés, por lo que supo que esto no era habitual y sospechó que algo ocurría. Llevó a Allegra a que revisaran sus oídos, y le pusieron tubos, pero no hubo mejoras.

Cuando escuchamos las grabaciones de Allegra, incluso de antes de los dos años, cuando su capacidad auditiva comenzó a deteriorarse seriamente, cuesta creer, en retrospectiva, que no nos diéramos cuenta antes. Una de las señales era su voz, que era baja y velada. Además, las grabaciones de ella con Vanessa, la asistente de investigación, están plagadas de reconvenciones como «Mira a Vanessa cuando te habla», o «Dile adiós a Vanessa cuando se despide de ti».

Parte de la dificultad para detectar el problema fue lo que quedaba de su español. También este había dejado de desarrollarse hacia los dos años, pero por lo menos durante un tiempo oía lo suficiente para usar lo que ya había aprendido (aunque no lo suficiente como para aprender más). Pasaron otros dos años antes de que tuviera tratamiento auditivo y se empezara a intentar recuperar el tiempo perdido. Para cuando empezó a aprender inglés, sus padres creyeron que Allegra no tenía tiempo para permitirse el lujo de dos idiomas. Estaba inmersa en una carrera contrarreloj para aprender el idioma de su comunidad con lo poco que oía, gracias a la ayuda recibida, antes de que se cerrara la ventana para el aprendizaje de un primer idioma, hacia los diez años.

Caso real 25: Javier y Corrine, dos idiomas a pesar de los problemas auditivos

Otros padres se enfrentan de otra forma al mismo dilema. Javier y su mujer, Corrine, se sienten muy unidos a sus respectivas lenguas maternas, español y neerlandés, y están decididos a ayudar a su hijo Sonia a convertirse en trilingüe, a pesar de la neuropatía auditiva que se le diagnosticó poco después de nacer. La neuropatía auditiva es un trastorno auditivo relativamente extraño que afecta a la transmisión de señales del oído interno al cerebro. Las pruebas auditivas de la persona pueden ser, o no, normales, pero incluso aunque oigan sonidos, tienen problemas para entender lo que se les dice, y los sonidos, tanto hacia dentro como hacia fuera, se les pueden debilitar. La neuropatía es un impedimento grave, pero no tanto como la casi total pérdida auditiva de Allegra.

Javier y Corinne admiten que los niveles de Sonia en cada idioma pueden ser un poco bajos, como lo será en inglés cuando lo aprenda en la escuela, más bajos que los de un niño sin su reto, pero ellos aceptan el esfuerzo extra que tanto ellos como su hija tendrán que realizar para que Sonia sienta de primera mano los nexos de unión con las culturas de sus padres. Para Javier y Corrine, dichas culturas tienen mucho más sentido que la cultura estadounidense más genérica que los rodea en la ciudad cercana a Nueva Jersey en la que residen. Javier era un adolescente cuando empezó a entender y apreciar sus raíces argentinas. Realizó varios viajes a Argentina y le sorprendió lo mucho que allí se sentía «como en casa». Ahora, de vuelta en Estados Unidos, está muy involucrado en las actividades de la comunidad argentina de su ciudad.

Sonia aún es joven, pero con tres años ya dice algunas palabras en neerlandés y progresa con el español gracias a un método, llamado palabra complementada o «cued speech», encontrado por su padre. Encontrar un colegio adecuado para Sonia será un reto, independientemente de cuántos idiomas esté aprendiendo, pero los padres están volcados en continuar con los esfuerzos lingüísticos en casa para complementar un currículo normal en inglés que se acomode a su necesidad de un apoyo auditivo extra. De momento parece que su audición intermitente le permite hablar con una calidad de voz relativamente normal, aunque aún es pronto para ver lo bien que puede desenvolverse dentro de los límites normales de su desarrollo sintáctico y semántico.

Caso real 26: Sebastian, implante coclear bilateral

En Alemania, los padres de Sebastian sienten una pasión similar por la educación bilingüe de sus hijos. El inglés no es su lengua materna, pero creen que para el futuro de los niños es importante ser bilingüe y bicultural. Han contado con la ayuda de *au pairs* inglesas, y enviaron a su primer hijo a una guardería internacional donde no les enseñan alemán a los niños hasta que no tienen fluidez en inglés. Cuando su segundo hijo, Sebastian tuvo meningitis con cinco meses de edad, perdió la audición de los oídos. Al principio creyeron que no podría continuar con dos idiomas. Con once meses, a Sebastian le implantaron dos implantes cocleares, y tan pronto como los padres vieron sus progresos en alemán, contrataron a un logopeda con experiencia en niños bilingües. Empezaron a entrenar los sonidos en inglés y en alemán, y en general hicieron con Sebastián todo lo que hicieron con el primero, pero con más cuidado. Lo que hicieron fue dividir el aporte lingüístico según la persona (los padres, alemán; la niñera, inglés) y también lo enviaron a una guardería internacional.

Cuando vi los vídeos que el terapeuta había grabado de Sebastian y sus hermanos cuando este tenía cinco años, los tres hermanos cantaban e imitaban a una estrella del *rock* con una guitarra imaginaria, y lo estaban pasando en grande. La grabación era en alemán, pero los tres chicos hablaban en inglés. Irónicamente, a Sebastian se le da mejor el inglés que a sus hermanos, que no tienen problemas auditivos. El terapeuta no sabe si se debe a que se le dan mejor los idiomas, o que sus padres tuvieron más cuidado a la hora de seguir «las reglas» para educar un hijo bilingüe tras el sobresalto de la meningitis. El terapeuta reseña que la madre había sido profesora en una guardería y es excepcionalmente buena con los niños, y consigue muchas que les respondan mucho (como el profesor que vimos en el estudio de Burns-Hoffman, en el capítulo 2).

Tomar la decisión adecuada

A veces resulta difícil saber qué consejos deberías escuchar y cuáles no. Como padres, es normal sentirnos inseguros sobre nuestras decisiones, pues no veremos los resultados en los niños hasta pasados quince o veinte años. La línea entre la confianza en lo que haces y el empecinamiento es muy fina. La experiencia nos dice que la mayoría de las veces las cosas funcionan, pero debemos estar atentos para detectar si algo va mal y debemos cambiar nuestra forma de actuar.

Hoy en día, el tratamiento de los desórdenes lingüísticos y cognitivos de los niños que hablan dos idiomas tiene tanto de arte como de ciencia. A menudo, muchas personas que se creen cualificadas para aconsejar sobre el lenguaje, en particular profesores y pediatras, no tienen un conocimiento específico sobre el desarrollo de dos idiomas e incluso puede que estén desinformados sobre el tema. Los especialistas con conocimiento específico sobre el desarrollo lingüístico dual y los desórdenes no abundan. Incluso ellos tienen lo que Genesee y sus colegas denominan «un insuficiente conocimiento de base», por lo que no siempre pueden seguir tratamientos basados en la evidencia, y deben confiar en sus intuiciones clínicas. Si por lo menos esas intuiciones fueran desarrolladas a través del entrenamiento con los resultados de los niños bilingües con impedimentos lingüísticos, serían más sensibles y tendrían unas expectativas más adecuadas para el niño bilingüe.

Las ventajas del bilingüismo infantil siguen presentes incluso cuando se detecta un problema lingüístico, o en otras áreas. Lo que puede cambiar es el alcance de las desventajas. Solo en casos excepcionales, como advierten Genesee y sus colegas, se resolverá el problema lingüístico al abandonar una lengua, especialmente la primera. Con frecuencia desligará al niño de sus apoyos más efectivos. Sin embargo, es posible que con el impedimento, las desventajas pesen mucho más que las ventajas, de modo que los padres deben reevaluar sus decisiones y estrategias precedentes.

Cuando un niño se enfrenta a estas dificultades extra para aprender su primer idioma, sus padres pueden decidir, como los Koster, que el esfuerzo extra para el segundo (y tercer) idioma es, tanto para los padres como para el niño, más evidente que si el niño no tuviera ningún impedimento. Puede que el valor práctico de los idiomas minoritarios en su vida diaria no sea lo suficientemente importante como para enfrentar la potencial frustración del niño, y también puede que no haya recursos disponibles para usar los idiomas minoritarios en la terapia con el niño. Puesto que los padres ya están integrados en las comunidades lingüísticas donde residen, es su responsabilidad servir de puente para el niño hacia su familia y su cultura, tal vez de forma más consciente que si el niño tuviera más facilidad para aprender idiomas.

Al tener en cuenta todos los detalles, lo más importante es el bienestar del niño y de la familia, y no el objetivo de conseguir el bilingüismo. Habitualmente, el bienestar del niño y su bilingüismo pueden ir de la mano. Puedes reconfortar a un niño, construir su autoestima y guiarlo hacia su independencia con tanta facilidad en dos idiomas como en uno. Sin embargo, si alguien se ve en el compromiso de tener que elegir entre el bienestar del niño y su segundo idioma, la salud y el bienestar siempre son prioritarios al segundo idioma.

CAPÍTULO 7

Mitos sobre
los niños bilingües

PUEDE que hayas oído alguna vez, o incluso tú mismo te lo hayas planteado, que el hecho de que tu hijo aprenda dos idiomas lo perjudicará. La preocupación que más a menudo me llega por parte de los padres es que aprender un segundo idioma demasiado pronto disminuirá el conocimiento del primer idioma. El segundo miedo más frecuente es que aprender dos idiomas y tratar de ser parte de dos culturas provocará una crisis de identidad. En este capítulo analizaremos distintos tipos de evidencias científicas para ayudar a dar respuesta a las preguntas relacionadas con las ventajas y desventajas de ser bilingüe.

— ¿Tardan más los bilingües en aprender sus idiomas?
— ¿Es mejor empezar con dos idiomas desde el nacimiento? ¿Si se espera a que los niños vayan al colegio para aprender la lengua mayoritaria, lo harán mejor, o peor, en cada idioma?
— ¿Se pueden «sumar» dos idiomas, o un idioma «resta» parte del otro?

— ¿Hablar dos (o más) idiomas puede provocarle una crisis de identidad a mi hijo?

Estas son las respuestas resumidas:

— No, cuando se realiza una comparación con cuidado entre grupos de niños paralelos, el desarrollo lingüístico de los bilingües no es más lento que el de los monolingües. Respecto de la mayor parte de los hitos en el desarrollo lingüístico, los bilingües son iguales a los monolingües, o incluso van por delante de ellos.

— No es imprescindible empezar con dos idiomas desde el nacimiento, pero en general es lo deseable.

— Los niños pueden aprender dos idiomas sumando uno y otro, pero debemos tener cuidado para no permitir que uno de ellos, normalmente el idioma mayoritario, reste al otro.

— Por último, habrá todo tipo de opiniones sobre este tema pero, basándonos en la mayoría de los testimonios de los propios bilingües, podemos concluir que es perfectamente plausible beneficiarse de dos lenguas y culturas sin sufrir ningún tipo de crisis de identidad.

A continuación analizamos las evidencias científicas detrás de estas respuestas.

¿Tardan más los bilingües en aprender sus idiomas?

Lucía, una de las participantes en la investigación para este libro, declara con frustración:

«He leído todo en un sentido y en otro, y estoy muy confundida. Si existe un estudio científico con estadísticas sobre las ventajas y desventajas de ser bilingüe que nos permitiera decir sin tapujos "Sí, es beneficioso", o "No, es perjudicial", estaría muy interesada en conocerlo».

No existe tal estudio, y hay una buena razón para ello. Nunca podremos probar «claramente», de una vez por todas, que ser bilingüe es bueno o malo en todos los casos. No podemos probar con certeza que los niños bilingües sean más lentos en el desarrollo del lenguaje que los monolingües. En este sentido, podemos afirmar dos cosas: no solo que los bilingües puntúan más alto o más bajo que los monolingües en distintas pruebas lingüísticas y académicas, sino también que ser bilingüe es la causa de que vayan por delante, o por detrás. Científicamente, uno debe probar ambas afirmaciones (que los bilingües son más o menos avanzados que los monolingües y que ser bilingües es la razón para ello). No es posible realizar un experimento científico que demuestre esto.

Demostrar que el bilingüismo está asociado con un desarrollo lingüístico más lento o más rápido en algunos individuos o grupos es fácil de hacer: podemos establecer grupos comparables y relacionar la medida de su desarrollo lingüístico con el número de idiomas hablados. Sin embargo, la segunda parte, demostrar que el bilingüismo es la causa de la diferencia, es mucho más difícil.

Supongamos que los bilingües son mejores que los monolingües en cualquier medida que podamos pensar. Ni siquiera esto sería suficiente para resolver la cuestión. No sabríamos si son mejores porque son bilingües, o debido a algún otro factor que no hayamos tenido en cuenta. Puede que los bilingües tengan una mejor escolarización, o que vengan de familias que puedan proveer más y mejores recursos. Tal vez se deba al hecho de que los padres que educan a sus hijos en dos idiomas pasen más tiempo con sus hijos que si no sintieran la responsabilidad de enseñarles un idioma adicional. Si fuera posible para un grupo de familias con los mismos antecedentes y recursos tratar a sus hijos de una forma exactamente calcada a las familias bilingües, pero sin enseñar dos idiomas, puede que descubriéramos que no son los idiomas en sí mismos los que contribuyen a un mejor resultado, sino la atención extra.

Estudios alternativos

Nunca podremos saltarnos la «zancadilla» al método experimental que supone el hecho de que las familias eligen por sí mismas la educación bilingüe. Sin embargo, esto no significa que estemos completamente perdidos en nuestro intento por cuantificar los beneficios de una manera de actuar sobre la otra. Lo que sí es posible es realizar comparaciones entre grupos en un espacio de tiempo reducido e intentar por todos los medios que los grupos sean los más parecidos posible. Una vez hecho esto, llevaremos a cabo lo que se conoce como diseño «casi experimental».

Aunque no podamos lograr un nivel de certeza absoluto, buscamos evidencias en la mayor cantidad posible de fuentes y analizamos cuántos descubrimientos apuntan en la misma dirección. Quizá te sorprendas al comprobar que la mayoría de los estudios demuestran que el desarrollo lingüístico de los bilingües en sus dos idiomas va casi al mismo ritmo que el de los monolingües.

Comparativa de los hitos del desarrollo lingüístico

Incluso muchas de las personas favorables al bilingüismo infantil opinan que los niños que empiezan con dos idiomas progresan más lentamente que si intentaran dominar solo un idioma, o uno detrás de otro. Sin embargo, muchas de las investigaciones sobre el aprendizaje precoz no apoyan esta creencia. Los hitos en el aprendizaje lingüístico temprano son muy parecidos en todo el mundo, independientemente de qué idioma, o de cuántos idiomas, estén aprendiendo. Tal como ocurre al aprender a andar, casi todos los niños tardan el mismo tiempo en producir sus primeras sílabas, palabras y combinaciones de dos palabras. Puesto que en todo el mundo los padres están muy atentos a estos acontecimientos, contamos con numerosos testimonios de personas y grupos distintos. En todas partes estos hitos ocurren, aproximadamente, en intervalos de seis meses: el balbuceo maduro, hacia los seis meses de edad; las primeras palabras, hacia los doce meses, y las primeras combinaciones de dos palabras, hacia los dieciocho meses.

También en general existe un margen para el cumplimiento de estos hitos: cinco meses antes, o después de los doce meses, para las primeras palabras, y seis meses antes, o después, de los dieciocho meses, para las primeras frases o combinaciones de dos palabras. Asimismo, aunque las cifras sean muy similares en todo el mundo, una enorme variación es también muy común. Por consiguiente, dentro de tu familia, o entre tu vecindad, el desarrollo lingüístico no parece en absoluto uniforme. Un niño en la media puede contar con una palabra reconocible a los ocho meses, y otro niño, también en la media, a los dieciséis meses. He llegado a ver un niño muy precoz con una palabra, o un par, a los siete meses, y niños inteligentes que esperan hasta los diecisiete antes de expresar sus primeras palabras. Incluso niños que alcancen estos hitos más tarde pueden ser perfectamente «normales», aunque el calendario es lo suficientemente fiable como para que si a los diez meses tu bebé solo balbucea vocales, pero no consonantes, merezca la pena que revisen su capacidad auditiva. Si el niño tarda más de diecisiete meses en decir una palabra en cualquier idioma (incluido el de signos), puedes llevarlo a que revisen su capacidad auditiva y, a continuación, tú médico y tú podéis buscar indicadores de otro tipo de problemas de desarrollo lingüístico.

Teniendo en cuenta estos comportamientos y los grandes márgene con sus variaciones normales, será muy difícil encontrar diferencias entre monolingües y bilingües más allá de las enormes diferencias entre los propios grupos de monolingües y bilingües. De hecho, los grupos de bilingües analizados se encuentran en la media de los análisis con que contamos.

Balbuceo maduro

Este hito supone un cambio bastante repentino respecto de las primeras expresiones de vocales que realizan los niños antes de dominar la coordinación necesaria para producir consonantes y decirlas en secuencia (como «dada», «bada», o simplemente «ba»). No importa a qué idioma o idiomas estén expuestos y vayan a hablar, en esta etapa todos los niños suenan prácticamente igual. El lingüista Kimbrough Oller y sus compañeros han mostrado que este «balbuceo canónico» se desarrolla con bastante exactitud entre los cinco y los ocho meses, en niños con un desarrollo típico. La no aparición del balbuceo hacia los once meses puede ser el primer indicio de un problema neurológico de desarrollo tardío.

En este estudio, en el que se compararon treinta bebés monolingües y veinte bilingües, la edad media a la que producían un balbuceo maduro, canónico, era de 27,3 y 26,7 semanas, respectivamente. De media, los bilingües iban cuatro días por delante. Evidentemente, cuatro días no suponen un retraso significativo para los monolingües, pero ciertamente tampoco son un retraso achacable a los bilingües.

Primeras palabras

Una investigación similar sobre las primeras palabras indica que los grupos de bebés bilingües empiezan a producir palabras al mismo tiempo que los bebés monolingües que hablan sus mismos idiomas. Tanto en los monolingües como en los bilingües, hay niños que dicen sus primeras palabras hacia los diez meses, mientras que otros no empiezan hasta los diecisiete meses, o incluso después. El estudio infantil de la Universidad de Miami, además de otra investigación a cargo de Doyle, Champagne y Segalowitz, y más recientemente, el de Laura Petitto y su laboratorio en Dartmouth, han encontrado que la media para las primeras palabras se daba en el mismo espacio temporal tanto en los grupos monolingües como bilingües.

Los inicios de la gramática: combinaciones de dos palabras

En la sintaxis inicial, el tema no está tan claro, pues no contamos con resúmenes estadísticos amplios de monolingües que nos permitan cotejarlos frente a los bilingües. La evidencia que podemos encontrar es específica para los niños y las construcciones estudiadas. La edad media para que aparezcan combinaciones de dos palabras son los diecinueve meses («más galleta», «encontrar Supercoco»), pero no se considera alarmante que el niño no haya juntado dos palabras hasta pasados los veinticuatro meses. Ninguna investigación ha estudiado a un gran número de padres acerca de las primeras frases de sus bebés bilingües, pero los extensos análisis de Lindholm (1980), De Houwer (1995) y Genesee, Paradis y Crago (2005) concluyen que tanto el ritmo de desarrollo como las etapas que atraviesan los niños bilingües al aprender diversas construcciones gramaticales son similares a las de los monolingües. Según estos trabajos y el de un ambicioso proyecto de investigación sobre el aprendizaje bilingüe simultáneo, realizado en Hamburgo, Paradis y Genesee coligen que los bilingües siguen los mismos patrones y ritmo en cada idioma que los monolingües en muchas facetas de su desarrollo, «desde el sistema de sonido» a «la gramática». Aunque se necesita más investigación, no conozco ninguna comparación controlada que indique que los bilingües tardan más que los monolingües en juntar palabras de acuerdo con las reglas gramaticales aplicables.

Por tanto, las medidas «iniciales» son muy sólidas. A pesar de las grandes diferencias culturales, todos estos sistemas lingüísticos parecen «madurar» más o menos al mismo tiempo en todos los niños.

¿Qué es preferible, dos idiomas desde el nacimiento, o iniciar la segunda lengua a posteriori?

¿Es mejor aprender dos idiomas desde el nacimiento, o esperar hasta que el niño sea mayor y se inicie en el segundo idioma en la escuela? En primer lugar, vuelvo a repetir que no hay una manera «correcta» de crear un hogar bilingüe. Cada familia tiene que plantearse cuáles son sus expectativas y recursos (véase la Encuesta personal al final del capítulo 4) y tomar las decisiones adecuadas según sus circunstancias. La evidencia según los estudios realizados en la Universidad de Miami indica que apenas existen diferencias en el aprendizaje de la lengua mayoritaria entre quienes tuvieron dos idiomas en casa desde su nacimiento y quienes solo contaron en casa con la lengua minoritaria hasta que fueron al colegio. Los indicios apuntan a que todos los niños del mundo acaban aprendiendo la lengua mayoritaria de sus comunidades, por lo que parece más razonable hacer más hincapié en reforzar la lengua minoritaria, o más débil, cuando los niños son pequeños.

¿Se pueden sumar dos idiomas, o un idioma resta al otro?

Siempre he animado a este tipo de bilingüismo aditivo, en el que se sigue apoyando la primera lengua cuando se añade una segunda, pero debo hacer una advertencia: la lengua minoritaria raramente perjudica a la mayoritaria, pero la mayoritaria casi siempre se lleva parte de la minoritaria. Por tanto, si añades una lengua minoritaria, la mayoritaria no se verá disminuida, pero si añades una lengua mayoritaria demasiado pronto, sin dar un apoyo especial a la minoritaria, esta decaerá de forma prematura.

En un mundo ideal no querríamos ver que ninguno de los dos idiomas usurpa el lugar del otro. En el mundo real del francés y del inglés en la parte francófona de Canadá, donde Wallace Lambert acuñó los términos bilingüismo «aditivo» y «sustractivo», a él le resultó fácil contemplar a las dos lenguas en igualdad de condiciones. Sin embargo, ese no es el caso en la mayoría de los países y regiones donde un idioma es el claro dominador. Una sólida base en el primer idioma facilita el desarrollo de idiomas subsiguientes, y una sólida base en la lengua minoritaria será la mayor garantía para que un niño siga desarrollando sus habilidades en dicha lengua a lo largo de su vida.

Recuerda que es fundamental reforzar la lengua minoritaria durante la famosa ventana de oportunidad del desarrollo lingüístico, que comprende más o menos hasta los primeros nueve años. Si no tenemos un cuidado especial con las lenguas no comunitarias podemos correr el riesgo de que el niño las pierda en poco tiempo. Recuerdo al diplomático que presumió de que sus hijos habían aprendido siete idiomas, y olvidado seis de ellos. Parece que en las personas que aprenden de jóvenes permanecen trazas de los distintos sistemas de sonido, aunque es impresionante lo rápido que, si no se refuerza de continuo, un idioma queda reducido a unos simples saludos y nombres de familiares y alimentos. Incluso a los adultos que durante un tiempo no han practicado su otro idioma les costará «cambiar el chip» de vuelta a ese idioma cuando lo necesiten. Sin embargo, con los adultos (y yo diría los niños mayores de diez años), si hablan bien otro idioma, es como montar en bici, vuelve aunque hayas pasado muchos años sin practicar. Los niños menores de tres años que abandonan un entorno lingüístico por otro parecen perder totalmente en poco tiempo el idioma que está «fuera de servicio», y los niños de cuatro años lo pierden solo un poco más despacio. Además, como señala Olga (en el capítulo 5), los padres tienen el mayor control sobre los patrones lingüísticos de los niños cuando son pequeños. Ese es el periodo en el que querrás dotarles de las habilidades necesarias en la lengua minoritaria y ayudarles a que quieran usarla. Si no, puede que un día te levantes y compruebes que ha desaparecido lo que con tanto cuidado alimentaste en los primeros tres o cuatro años de vida del niño.

¿Hablar dos (o más) idiomas puede provocarle una crisis de identidad a mi hijo?

¿Puede un bilingüe unir con éxito dos culturas en una misma persona? Independientemente de si el razonamiento de un posible daño psicológico merezca ser digno de consideración, se han alzado diversas voces para alertar de esta posibilidad, aunque en general los propios niños bilingües parecen muy contentos con su experiencia.

Una cultura, o dos

Nina es una alemana casada con un japonés, viven en Japón con sus dos hijos. Ella describe a su hija, de cinco años, como si tuviera

227

un «carácter desgarrado» con «dos almas en su pequeño pecho», y se pregunta si debería haber empezado su proyecto bilingüe. Como todos los padres, quiere que sus hijos crezcan en un entorno seguro que sea fácil de entender. Si la familia solo tuviera una cultura, Nina cree que ni su hija ni su hermano pequeño tendrían que preocuparse sobre a qué cultura pertenecen. Nina piensa que debería haber esperado hasta que su hija tuviera unos siete años y hubiera desarrollado una sólida personalidad, antes de introducir un segundo idioma. Su percepción es que la personalidad de la niña se está desarrollando pobremente por el hecho de tener dos idiomas.

¿Tiene razón Nina? ¿Estaría mejor su hija solo con un idioma? ¿En general, sería más fácil para los hijos de parejas internacionales conocer solo una parte de su herencia cultural?

¿Cómo puede alguien decidir, incluso en la distancia, qué debía haber hecho Nina? Juzgar este caso me resulta sumamente difícil. Tampoco me imagino un estudio que pueda responderla. Lo cierto es que, para este propósito, el método experimental no es de gran ayuda. No podemos decidir que los matrimonios internacionales vivan en una o en las dos culturas durante el tiempo que dura el crecimiento de los niños. Incluso si se pudiera llevar a cabo un experimento tan improbable, más adelante veremos que no contamos con los instrumentos para comprobar la salud de las personalidades de los bilingües para analizar las consecuencias. Es más, no existe una alternativa a la opinión y la especulación. Creo que Nina y todos nosotros debemos basar nuestras decisiones en lo que queremos hacer y en los testimonios de otras personas que han crecido de forma bilingüe.

El bilingüismo ha sido falsamente asociado con la enajenación, la vulnerabilidad emocional, la desorientación y la falta de raíces. Sinceramente, los pronunciamientos sobre la fatalidad de ser bilingüe y las virtudes de ser monolingüe suelen basarse en prejuicios. No hay estudios científicos que los avalen, aunque tampoco habrá estudios científicos que los refuten.

Resulta difícil reconciliar esta negatividad con las declaraciones positivas de los propios bilingües en su éxito al «participar en dos mundos, en vez de en uno». Como dice Ana en su testimonio: «Mi identidad incluye ambos idiomas. ¿Cómo podría abandonar una de ellas?».

El escritor George Steiner comparte los sentimientos de Ana. Steiner escribe y traduce en tres idiomas (francés, alemán e inglés), hasta el punto de que le es imposible decir cuál es su primer idioma. Está muy agradecido por todas sus lenguas maternas, además de las otras que ha aprendido de adulto, y rechaza varios métodos que la gente propone para descubrir la «verdadera» lengua de uno mismo: el idioma en el que sueñas, en el que gritas en un accidente o haciendo el amor, o en el que realizas las operaciones matemáticas. Steiner afirma que lleva a cabo esas actividades en el idioma que esté oyendo o hablando en ese momento.

La percepción física de ser bilingüe

Ciertamente, los bilingües experimentan el mundo de otra manera. De forma subjetiva, ser bilingüe se siente distinto a ser monolingüe, y para muchos es una sensación física. Radha, hablante de tamil, comentó que ella «cambiaba de sombrero» para pasar de un idioma a otro. De hecho, en un idioma se produce un pequeñísimo cambio físico en la forma de la boca respecto de otro idioma, que se puede ver reflejado en una sensación general en todo el cuerpo. Además, las diferencias en la velocidad característica del habla en los distintos idiomas pueden dar a los hablantes una impresión inconsciente de mayor o menor relajación al hablar uno u otro de sus idiomas.

Existen casos documentados en los que las mismas personas respondieron de forma ligeramente distinta a un cuestionario según el idioma en el que se les realizaban las preguntas y el idioma de respuesta. Cada idioma tiene sus propios «marcos culturales», las redes de recuerdos y conexiones creadas por sus propias palabras. Los diferentes marcos culturales pueden activarse por distintas pronunciaciones del nombre de uno mismo: por ejemplo, la autora Julia Álvarez cuenta que oír su nombre en inglés le sugiere saludar con un apretón de manos, mientras que en español le incita a dar dos besos.

Muchos de los participantes en los testimonios refieren el hecho de que en cada idioma hay cosas que nos pueden decir en el otro. Parece muy común poder decir palabrotas o hablar de temas tabú en un segundo idioma antes que en el primero.

De manera que puede existir cierta fragmentación de la identidad en los bilingües, pero esta fragmentación no se restringe a ellos. Cuando un monolingüe se siente fragmentado, dividido entre las influencias que compiten en su vida, nadie puede culpar al bilingüismo por ese sentimiento. Si un bilingüe siente una presión semejante, a menudo se señala al hecho de saber dos idiomas como al posible culpable, aunque no tenga por qué ser así.

Ocho mitos sobre los niños bilingües

A modo de conclusión, incluimos una tabla con los ocho mitos más frecuentes sobre el bilingüismo infantil. Si aún tienes dudas sobre cualquiera de estos temas, consulta el capítulo correspondiente.

MITO	CERTEZA
Los niños bilingües empiezan a hablar más tarde que los monolingües.	No hay evidencias científicas para apoya esta creencia. Bilingües y monolingües entran en la media de un desarrollo lingüístico normal (capítulo 7).
Los niños son como esponjas para los idiomas.	Es cierto que para los niños parece más fácil aprender idiomas que para los adultos, pero no debemos subestimar el esfuerzo que requiere ni esperar que hablen perfectamente en dos idiomas desde el principio (capítulo 3).

MITO	CERTEZA
Los bilingües son como dos monolingües en una sola persona.	Los bilingües tienen ciertas capacidades especiales que no tienen los monolingües. A menudo los bilingües tienen un idioma predominante y otro más débil que utilizan con menos frecuencia (capítulo 3).
Tienes que ser un superdotado para aprender dos idiomas a la vez.	El aprendizaje temprano de un idioma no es ni un talento ni un don, sino que forma parte de ser humano, es como aprender a andar, o a ver (capítulos 2 y 3).
Los niños querrán aprender dos idiomas porque sus padres creen que es bueno para ellos.	Para que un niño quiera hablar en dos, o más, idiomas no basta con que nosotros lo queramos, tenemos que crear oportunidades para que vea que le resulta útil e interesante desenvolverse en dicho idioma (capítulos 4 y 5).
Los padres que no dominen una lengua pasarán sus errores y su acento a sus hijos.	Esto podría ser cierto si dichos padres fuesen la única fuente de ese idioma para sus hijos, pero el contacto con otros hablantes nativos ayudará a contrarrestar cualquier deficiencia (capítulo 4).
Si un niño bilingüe presenta cualquier problema en el desarrollo de uno o dos idiomas, abandonar uno de ellos resolverá el problema.	Ninguna evidencia científica avala este mito. Los niños con problemas en dos idiomas por lo general también tienen problemas con uno (capítulo 6).
Solo hay una manera correcta de criar a un niño bilingüe.	Los padres son los expertos en este campo. La única manera equivocada de criar a un niño bilingüe es no hacerlo. Si no has empezado ya, ahora es el momento.

Al exponerles a tus hijos a dos, o más, idiomas desde la infancia les estarás proporcionando las herramientas que necesitan para disfrutar plenamente de los muchos beneficios de conocer dos, o más, lenguas y culturas. ¡Ánimo y mucha suerte!

Recursos

Recursos en Internet para padres de niños bilingües

A continuación encontrarás una lista de algunos de los recursos disponibles para los padres de niños bilingües. Para más información sobre el bilingüismo infantil, consulta la página de recursos de Bilingual Readers en www.bilingualreaders.es/recursos/. Esta página es una fuente de información en constante desarrollo sobre temas como bilingüismo, alfabetización temprana, educación bilingüe y comunidades bilingües en todo el mundo.

Comunidades internacionales para familias bilingües

www.piccolingo.eu: Iniciativa de la Unión Europea que promueve el aprendizaje temprano de idiomas extranjeros. Es una buena manera de contactar con otras familias bilingües en tu región.

www.spanglishbaby.com (en inglés): Blog fundado por dos madres bilingües estadounidenses. El blog se centra en las familias latinas en EE. UU., pero contiene mucha información valiosa sobre el bilingüismo que se puede aplicar a cualquier combinación de idiomas.

www.enfantsbilingues.com (en francés): Página sobre el bilingüismo infantil.

www.mehrsprachige-familien.de (en alemán): Página sobre el bilingüismo infantil.

www.multilingualchildren.org (en inglés): Esta página es una fuente excelente de información sobre el bilingüismo infantil.

www.multilingualliving.com (en inglés): Página con consejos, trucos, respuestas y apoyo para padres que crian a sus hijos en más de un idioma.

www.bilingualfamiliesconnect.com: Comunidad en Internet para padres de niños bilingües de todo el mundo.

http://humanities.byu.edu/bilingua (en inglés): Página para padres que han decidido hablarles a sus hijos en un idioma que no sea su lengua materna.

Boletínes y revistas en Internet

Boletín mensual de BILINGUAL READERS: Suscríbete al boletín mensual de Bilingual Readers y recibirás consejos prácticos para padres, casos reales de familias bilingües y una cuidada selección de los recursos disponibles para criar lectores bilingües. Envíanos un email a info@bilingualreaders.com para suscribirte.

Blogging on Bilingualism Carnival (en inglés): Este divertido boletín mensual es de una comunidad de padres que escriben blogs sobre sus experiencias particulares con sus hijos bilingües. Es un foro para que estos padres compartan sus anécdotas, preocupaciones, descubrimientos, frustraciones y alegrías. Para suscribirte a este boletín, visita www.bilingualforfun.com y pincha el enlace de «Blogging Carnival».

Bilingual Family Newsletter (en inglés): Desde hace veintisiete años, este boletín trimestral proporciona información útil a las familias bilingües. Es un boletín de pago, una suscripción anual cuesta unos 15 euros. Suscríbete en www.bilingualfamilynewsletter.com.

Actividades para niños bilingües:

Las siguientes páginas web se han creado para reunir a familias internacionales en España y exponer la amplia oferta de actividades para niños disponibles en otros idiomas en varias regiones.

www.kidsinmadrid.com: Página bilingüe inglés/español de actividades en Madrid.

www.mumsinspain.com: Información sobre actividades y recursos para padres bilingües en todo el territorio español.

www.mumabroad.com: Información y actividades para padres bilingües en Cataluña, Madrid, Baleares, Andalucía, Costa Blanca y Valencia.

www.kidsinmarbella.com: Información y actividades para padres bilingües en Marbella.

Apoyo especial para padres

Aún hay pocos logopedas con la formación y experiencia necesarias para trabajar con niños bilingües. Si buscas un especialista en estos temas, recomendamos que consultes con los siguientes profesionales.

www.sinews.es: SINEWS Instituto Multilingüe de Terapia es un centro integrado de Counseling, Psicología, Psiquiatría, Neurología, Logopedia y Terapia Ocupacional en Madrid. Están especializados en el bilingüismo infantil y ofrecen sus servicios en inglés y español. Asimismo, ofrecen un excelente taller de bilingüismo para padres en Madrid.

www.t-oigo.com: Página de recursos para padres de niños con problemas auditivos con una sección especial sobre el bilingüismo infantil. Creada por una madre estadounidense residente en Madrid. Tanto ella como su hijo llevan audífonos y se desenvuelven en inglés y español. Atención especial a su lista de profesionales en toda España.

www.bilingualtherapies.com: Página estadounidense de logopedas especializados en trabajar con niños bilingües en inglés y español.

www.asha.org: La American Speech and Hearing Association (ASHA) es una fuente de información útil para los padres de niños bilingües.

Libros y otros recursos para niños

www.bilingualreaders.es: Aquí encontrarás un catálogo de libros bilingües en español e inglés, además de mucha información útil sobre el bilingüismo infantil. También encontrarás archivos de audio de los libros, que se pueden descargar en mp3 de forma gratuita.

www.ethnoclic.net: Juegos educativos en francés.

www.childrenslibrary.org: Biblioteca digital internacional para niños. En esta página podrás acceder a más de 4000 libros electrónicos infantiles en 54 idiomas.

www.readtoday.net: Actividades para niños en inglés, español, francés y alemán.

www.storylineonline.net: Videos gratuitos en los que actores estadounidenses leen cuentos infantiles en voz alta en inglés.

Colegios bilingües o internacionales

La educación bilingüe o en una lengua extranjera puede ser una de las mejores maneras de reforzar el segundo idioma de tu hijo. Hay muchos colegios bilingües e internacionales, públicos y privados, en España. Para averiguar cuáles son las opciones públicas disponibles en tu región, consulta con la página web de la consejería de educación de tu región. Para una lista de colegios internacionales, puedes consultar con las embajadas de los países en los que se habla la lengua en la quieres que tu hijo estudie. Por ejemplo, la embajada estadounidense (http://madrid.usembassy.gov/edu/listsp.html) en España tiene una lista de colegios en inglés en todo el territorio español. Las embajadas extranjeras también pueden ser una fuente de información sobre actividades culturales en la lengua minoritaria.

¿Tienes más preguntas sobre el bilingüismo infantil?

Con nuestra columna mensual «Pregunta a Sinews» tendrás la oportunidad de plantear tus dudas y preocupaciones acerca de cómo criar a tus hijos bilingües a nuestro grupo de expertos de Sinews, el Instituto de Terapia Multilingüe en Madrid. Simplemente envía tus preguntas a info@bilingualreaders.com y consulta cada mes los consejos de los profesionales de Sinews en www.bilingualreaders.es.

Bibliografía
(Por orden de aparición)

Capítulo 1

Crawford, James: Census 2000: A Guide for the Perplexed. http://ourworld.compuserve.com/homepages/jWCRAWFORD/census02.htm

Gutpa, Anthea: «Bilingual and Multilingual Children: Another Perspective», Ask-A-Linguist FAQ. http://linguistlist.org/ask=ling/biling2.html

Merrill, Jane: *Bringing Up Baby Bilingual,* Facts on File, Inc., NY, 1984.

Saunders, George: *Bilingual Children: From Birth to Teens.* Multilingual Matters, Clevedon, RU, 1988.

Wright, Lawrence: «The Agent», *New Yorker,* July 9, 2002.

Gathercole, Virginia C. M. (ed.): *Language Transmission in Bilingual Families in Wales,* Bangor, Wales: Report for Welsh Language Board, 2005.

Grosjean, Francois, P. Li, T. F. Münte, y A. Rodríguez-Fornells: «Imaging Bilinguals: When the Neurosciences Meet the Language Sciences», *Bilingualism: Language and Cognition* 6 (2003), páginas 159-165.

McCardle, Peggy, y E. Hoff (eds.): *Childhood Bilingualism: Research on Infancy through School Age,* Multilingual Matters, Clevedon, RU, 2006.

Bialystok, Ellen: *Bilingualism in Development: Language, Literacy and Cognition,* Cambridge University Press, Cambridge, RU, 2001.

Lambert, Wallace E. «The Effects of Bilingualism on the Individual: Cognitive and Sociocultural Consequences», en *Bilingualism. Psychological, Social, and Educational Implications,* editado por P. Hornby, páginas 15-28. NY: Academic Press, 1977.

Bialystok, Ellen, F. M. Craik, R. Klein, y M. Viswanathan: «Bilingualism, Aging and Cognitive Control: Evidence from the Simon Task», *Psychology and Aging* 19 (2004), páginas 290-303.

Bialystock, Ellen, F. M. Craik, y M. Freedman: «Bilingualism as a Protection Against the Onset of Symptoms of Dementia», *Neuropsychologia* 45 (2007), páginas 459-464.

Boroditsky, Lera, W. Ham, y M. Ramscar: «What is Universal about Event Perception? Compoaring English and Indonesian Speakers», Proceedings of the 24th Annual Meeting of the Cognitive Science Society, Fairfax, VA, agosto de 2002.

Gumperz, John J., y S. C. Levinson (eds.): *Rethinking Linguistic Relativity,* Cambridge University Press, Cambridge, RU, 1996.

Lucy, John A.: *Grammatical Categories and Cognition,* Cambridge Univ. Press, Cambridge, RU, 1922.

Wright, Steven C., y L. Tropp: «Investigating the Impact of Bilingual Instruction on Children's Intergroup Attitudes», *Group Processes and Ingtergroup Relations* 8 (2005), páginas 309-328.

Fishman, Joshua (ed.): *Can Threatened Languages Be Saved: Reversing Language Shift, Revisited,* Multilingual Matters, Clevedon, RU, 2001.

Welsh Language Board. http://www.bwrdd-yr-iaith.org.uk/.

Sommer, Doris (ed.): *Bilingual Games: Some Literary Investigations,* Palgrave Macmillan, NY, 2003.

Wierzbicka, Anna: «Universal Human Concepts as a Tool for Exploring Bilingual Lives», *International Journal of Bilingualism* 9 (2005), páginas 7-26.

Steiner, George: *Errata: An Examined Life,* Yale University Press, New Haven, CT, 1997.

Capítulo 2

Chomsky, Noam: *Aspects of the Theory of Syntax*, MIT Press, Cambridge, MA, 1965.

Vihman, Marilyn M.: *Phonological Development: The Origins of Language in the Child*, Blackwell, Oxford, RU, 1996.

Oller, D. Kimbrough: *The Emergence of the Speech Capacity*, Lawrence Erlbaum, Mahwah, NJ, 2000.

Saffran, Jenny R.: «Statistical Language Learning: Mechanisms and Constraints», *Current Directions in Psychological Science* 12 (2003), páginas 100-114.

Pinker, Steven: *The Language Instinct*, William Morrow, NY, 1994.

Werker, Janet, y R.C. Tees: «Cross-language Speech Perception: Evidence for Perceptual Reorganization during the First Year of Life», *Infant Behavior and Development* 7 (1984), páginas 49-63.

Snow, Catherine, y C. Ferguson (eds.): *Talking to Children: Language Input and Acquisition*, Cambridge University Press, Cambridge, RU, 1977.

Nelson, Katherine: *Making Sense: The Acquisition of Shared Meaning*, Academic Press, NY, 1985.

Gleitman, Lila, y H. Gleitman: «A Picture is Worth a Thousand Words, but That's the Problem: The Role of Syntax in Vocabulary Acquisition», *Current Directions in Psychological Science* 1 (1992), páginas 31-35.

Fisher, Cynthia: «Structural Limits on Verb Mapping: The Role of Abstract Structure in 2.5-Year-Olds' Interpretations of Novel Verbs», *Developmental Science* 5 (2002), páginas 55-64.

Tomasello, Michael: «Can an Ape Understand a Sentence?», *Language and Communication* 14 (1994), páginas 377-390.

Pepperberg, Irene: *The Alex Studies: Cognitive and Communicative Abilities of Grey Parrots*, Harvard University Press, Cambridge, MA, 2002.

Marcus, Gary, S. Vijayan, S. Bandi Rao, y P. M. Vishton: «Rule Learning by Seven-Month-Old Infants», *Science* 283 (1999), páginas 77-80.

Hickmann, Maya: *Children's Discourse: Person, Space and Time Across Languages*. Cambridge University Press, Cambridge, RU, 2003.

Hymes, Dell: «Models of the Interaction of Language and Social Life», *Directions in Sociolinguistics: The Ethnography of Communication,* editado por J. Gumperz y D. Hymes, páginas 35-71. Holdt, Rinehart, and Winston, NY, 1972.

Fenson, Larry, y otros: *MacArthur-Bates Communicative Development Inventory Technical Manual,* Paul Brookes, Baltimore, MD, 2003.

Cummins, Jim: «Cognitive/Academic Language Proficiency, Linguistic Interdependence, the Optimum Age Question and Some Other Matters», *Working Papers on Bilingualism* 19 (1979), páginas 121-129.

Sternber, Robert J., y E. Grigorenko (eds.): *Environmental Effects on Cogintive Abilities,* Erlbaum, Mahway, NJ, 2001.

Vargha-Khadem, F., K. E. Watkins, C. J. Price, J. Ashburner, K. J. Alcock, A. Connelly, R. S. J. Frackowiak, K. J. Friston, M. E. Pembrey, M. Mishkin, D. G. Gadian, y R. E. Passingham: «Neural Basis of an Inherited Speech and Language Disorder», *Proceedings of the National Academy of Science* 95 (1998): páginas 12695-12700.

Chomsky, Noam: «A Review of B. F. Skinner's Verbal Behavior», *Language* 35 (1959), páginas 26-58.

Gathercole, Virginia C. M., y E. Hoff: «Input and the Acquisiton of Language: Three Questions», *The Handbook of Language Development,* editada por Erika Hoff y Marilyn Shatz, páginas 107-127. Blackwell, Oxford, RU, 2007.

Burns-Hoffman, Rebecca: «A Discourse Analysis of Variation in Children's Language in Preschool, Small Group Settings», Ph.D. diss, University of Colorado at Boulder, 1992.

Anderson, Daniel R., y T. Pempek: «Television and Very Young Children», *American Behavioral Scientist* 48 (2005), páginas 505-522.

Collins, Molly F., y J. Parish: «Electronic Books: Boon or Bust for Interactive Reading?», póster presentado en la conferencia sobre el desarrollo del lenguaje en Boston, MA, noviembre de 2006.

Olson, David R.: *The Social Foundations of Language and Thought,* Norton, NY, 1980.

Vygotsky, Lev.: *Thought and Language,* MIT Press, Cambridge, MA, 1962.

Capítulo 3

Wong-Filmore, Lily: «Individual Differences in Second Language Acquisition», *Individual Differences in Language Ability and Language Behavior,* editado por Charles Fillmore, D. Kempler, y W. S. Y. Wang, páginas 203-227, Academic Press, San Diego, CA, 1979.

Hyltemstam, Kenneth, y N. Abrahamsson: «Who Can Become Native-like in a Second Language? All, Some, or None? On the Maturational Cosntraints Controversy in Second Language Acquisition», *Studia Linguistica* 54/2 (2000), páginas 150-166.

Albert, Martin, y L. K. Obler: *The Bilingual Brain: Neuropsychological and Neurolinguistic Aspects of Bilingualism,* Academic Press, NY, 1978.

Karmiloff, Kyra, y A. Karmiloff-Smith: *Pathways to Language: From Fetus to Adolescent,* Harvard University Press, Cambridge, MA, 2001.

Wierzbicka, Anna, 2005 (véase referencia en el capítulo 1).

Oller, D. Kimbrough, y R. Eilers (eds.), (véase referencia en el capítulo 1).

Leopold, Werner: *Speech Development of a Bilingual Child: A Linguist's Record* (4 volúmenes), Northwestern University Press, Evanston, IL, páginas 1939-1949.

Volterra, Virginia, y T. Taeschner: «The Acquisition and Development of Language by Bilingual Children», *Journal of Child Language* 5, páginas 311-326.

Grosjean, Francois: «Neurolinguists, Beware! The Bilingual is Not Two Monolinguals in One Person», *Brain and Language* 36 (1989), páginas 3-15.

Gupta, Anthea (véase referencia en el capítulo 1).

Clyne, Michael: *Dynamics of Language Contact,* Cambridge University Press, NY, 2003.

«American Tongues» vídeo del Center for New American Media, L. Álvarez y A. Kolker, (dirs.), CNAM, NY, 1987.

Gopnik, Alison, A. Meltzoff, y P. Kuhl (véase referencia en el capítulo 2).

Bornstein, Marc, y J. Bruner (eds.): *Interaction in Human Development,* Erlbaum, Hillsdale, NJ, 1989.

Mayberry, Rachel I., E. Lock, y H. Kazmi: «Development: Linguistic Ability and Early Language Exposure», *Nature* 417 (2002), página 38.

Kohnert, Kathryn J., E. Bates, y A. E. Hernández.:«Balancing Bilinguals: Lexical-Semantic Production and Cognitive Processing in Children Learning Spanish and English», *Journal of Speech, Language, and Hearing Research* 42 (1999), páginas 1 400-1 413.

Caplan, David: *Biological Studies of Mental Processes,* MIT Press, Cambridge, MA, 1980.

Hart, Betty, y T. Risley, 1999 (véase referencia en el capítulo 2).

Gathercole,Virginia C.M.: «Miami and North Wales, So Far and Yet So Near: A Constructivist Account of Morphosyntactic Development in Bilingual Children», *International Journal of Bilingual Education and Bilingualism* 10/3 (2007), páginas, 224-247.

Pearson, Barbar Z., S. C. Fernández,V. Lewedaf, y D. K. Oller: «Input Factors in Lexical Learning of Bilingual Infants (Ages 10 to 30 Months)», *Applied Psycholinguistics* 18 (1997), páginas 41-58.

Werker, Janet,W. M.Weikum, y K. A.Yoshida: «Bilingual Speech Processing in Infants and Adults», *Childhood Bilingualism: Research on Infancy through School Age,* editado por P. McCardle y E. Hoff, páginas 1-18 (véase referencia en el capítulo 1).

Capítulo 4

De Houwer,Annick: «Environmental Factors in Early Bilingual Development: The Role of Parental Beliefs and Attitudes», *Bilingualism and Migration,* editado por Gus Extra y Ludo Verhoeven, páginas 75-95. Mouton de Gruytere, Berlin, 1999.

Leopold,Werner (véase referencia en el capítulo 3).

Vihman, Marilyn: «Language Differentiation by the Bilingual Infant», *Journal of Child Language* 12 (1985), páginas, 297-324.

Deuchar, Margaret, y S. Quay: *Bilingual Acquisition: Theoretical Implications of a Case Study,* Oxford University Press, Oxford, RU, 2000.

Barron-Hauwaert, Suzanne: *Language Strategies for Bilingual Families.*

The One Parent One Language Approach, Multilingual Matters, Clevedon, RU, 2004.

De Hoewer, Annick: «Parental Language Input Patters and Children's Bilingual Use», *Applied Psycholinguistics* 28 (2007), páginas 411-424.

—, «Home Languages Spoken in Officially Monolingual Flanders: A Survery», *Methodology of Conflict Linguistics,* editado por K. Bochmann, P. Nelde, y W. Wolck, páginas 71-87. Asgard Verlag, St. Augustin, 2003.

Pearson, Barbara Z., S. C. Fernández, V. Lewedag y D. K. Oller, 1997. (véase referencia en el capítulo 3).

Hakuta, Kenji, y D. D'Andrea: «Some Properties of a Bilingual Maintenance and Loss in Mexican Background High School Students», *Applied Linguistics* 13 (1992), páginas 72-99.

Eilers, Rebecca, B. Z. Pearson, y A. Cobo-Lewis: «Social Factors in Bilingual Development», en P. McCardle y E. Hoff (eds.), 2006 (véase referencia en el capítulo 1).

Saunders, George, 1988 (véase referencia en el capítulo 1).

Lambert, Wallace E., y D. M. Taylor: «Language in the Lives of Ethnic-Minorities: Cuban-American Families in Miami», *Applied Linguistics* 17 (1996), páginas 477-500.

Gathercole, Virginia C. M., 2005 (véase referencia en el capítulo 1).

Pearson, Barbara Z: «Social Factors in Childhood Bilingualism in the United States», *Applied Psycholinguistics* 28/3 (2007), páginas 399-410.

Crystal, David, 2004 (véase referencia en el capítulo 1).

Gordon, Raymond, 2005. (véase referencia en el capítulo 1).

Oller, D. Kimbrough, y R. Eilers (eds.), (véase referencia en el capítulo 1).

Grammont, Maurice: *Observations sur le Langage des Enfants,* Melanges Meillet, París, 1902.

Sommer, Doris (ed.), 2003 (véase referencia en el capítulo 1).

Muhammed, Jameelah: *The Global Child,* BEE Books, Washington, DC, 2003.

Lanza, Elizabeth: «Language Contact in Bilingual Two-Year-Olds and Code-Switching: Language Encounters of a Different Kind?», *International Journal of Bilingualism* 1 (1997), páginas 135-162.

Pearson, Barbara Z., y A. McGee: «Language Choice in Hispanic-Background Junior High School Students in Miami: 1998 Up-

date», en *Studies in Anthropological Linguistics,* editada por Ana Roca y John Lipski, páginas 91-102, Mouton de Gruytere, Berlín, 1993.
Merrill, Jane, 1984 (véase referencia en el capítulo 1).

Capítulo 5

Saunders, George, 1998 (véase referencia en el capítulo 1).
Talbot, Margaret: «The Baby Lab» (Liz Spelke), *New Yorker,* 4 de septiembre de 2006.
Tabors, Patton, 1997 (véase referencia en el capítulo 3).
Merrill, Jane: «Language Travel: Distant Shores», capítulo 9 (véase referencia en el capítulo 1).
Barron-Hauwaert, Suzanne, 200. (véase referencia en el capítulo 4).

Capítulo 6

Leonard, Laurence B.: *Children with Specific Language Impairment,* MIT Press, Cambridge, MA, 1998.
Tomblin, Bruce, N. L. Records, P. R. Buckwalter, X. Zhang, E. Smith y M. O'Brien: «Prevalence of Specific Language Impairment in Kindergarten Children», *Journal of Speech, Language and Hearing Research* 40 (1997), páginas 1245-1260.
Bruck, Margaret: «The Suitability of Early French Immersion Programs for the Language Disabled Child», *Canadian Journal of Education* 3 (1978), páginas 51-72.
Paradis, Johanne, M. Crago, F. Genesee, y M. Rice: «French-English Bilingual Children with SLI: How Do They Compare with Their Monolingual Peers?», *Journal of Speech, Language and Hearing Research* 36 (2003), páginas 113-127.
Pearson, Barbara Z.: «Assessing Lexical Development in Bilingual Babies and Toddlers», *International Journal of Bilingualism* 2 (1998), páginas 347-372.

Peña, Elizabeth D., V. Gutiérrez-Clellen, A. Iglesias, B. A. Goldstein, y L. M. Bedore: Bilingual English Spanish Assessment (BESA), en desarrollo.

Capítulo 7

Fenson, Larry, V. A. Marchman, D. J. Thal, P. S. Dale, J. S. Reznick, y E. Bates: Users Guide and Technical Manual for MacArthur-Bates *Communicative Development Inventories,* segunda edición, Paul Brookes, Baltimore, MD, 2003, Información internacional: http://www.sci.sdsu.edu/cdi/adaptations.htm.

Oller, D. Kimbrough, R. E. Eiler, A. B. Coco-Lewis, y R. Urbano: «Development of Precursors to Speech in Infants Exposed to Two Languages», *Journal of Child Language* 27 (1997), páginas 407-425.

Pearson, Barbara Z., S. C. Fernández, y D. K. Oller: «Lexical Development in Bilingual Infants and Toddlers: Comparison to Monolingual Norms», *Language Learning* 43 (1993), páginas 93-120.

Doyle, Anna B., M. Champagne, y N. Segalowitz: «Some Issures in the Assessment of Linguistic Consequences of Early Bilingualism», *Working Papers on Bilingualism* 14 (1977), páginas 21-30.

Petitto, Laura, M. Katerelos, B. G. Levy, K. Gauna, K. Tetréault, y V. Ferraro: «Bilingual Signed and Spoken Language Acquistion from Birth: Implications for the Mechanisms Underlying Early Bilingual Language Acquisition», *Journal of Child Language* 28 (2001), páginas 453-496.

Genesse, Fred. Paradis, y M. Crago, 2004 (véase referencia en el capítulo 3).

Meisel, Jürgen: *Bilingual First Language Acquisition: French and German Grammatical Development,* John Benjamins, Ámsterdam, 1994.

Karmiloff, Kyra, y A. Karmiloff-Smith, 2001 (véase referencia en el capítulo 3).

Werker, Janet F., W. M. Weikum, y K. A. Yoshida (véase referencia en el capítulo 3).

—, y R.C. Tees: «The Organization and Reorganization of Human Speech Perception», Annual Review of Neuroscience 15 (1992), páginas 377-402.

Sebastian-Galles, Nuria, y S. Soto-Faraco: «On-line Processing of Native and Non-native Phonemic Contrasts in Early Bilinguals», *Cognition* 72 (1999), páginas 111-123.

Werker, Janet F., C. T. Fennell, K. M. Corcoran, y C. L. Stager: «Infants' Ability to Learn Phonetically Similar Words: Effects of Age and Vocabulary Size», *Infancy* 3 (2002), páginas 1-30.

Burns, Tracey C., J. F. Werker, y K. McVie: «Development of Phonetic Categories in Infants Raised in Bilingual and Monolingual Environments», *Proceedings of the 27th Annual Boston University Conference on Language Development,* editado por B. Beachely, y otros, páginas 173-184, Cascadilla Press, Somerville, MA, 2003.

Navarro, Ana, B. Z. Pearson, A. B. Cobo-Lewis, y D. K. Oller: «Assessment of Phonoligcial Development in Bilingual Children at Age 36 Months: Comparison to Monoloinguals in Each Language», trabajo presentado en la reunión anual de la American Speech Language and Hearing Association, Orlando, FL, diciembre de 1995.

Navarro, Ana: «Phonetic Effects of the Ambien Language in Early Speech: Comparisons of Monolingual and Bilingual-Learning Childre», Ph.D. diss., University of Miami, 1998.

Pearson, Barbara Z., y S. C. Fernández: «Patterns of Interaction in the Lexical Development in Two Languages of Bilingual Infants», *Language Learning* 44 (1994), páginas 617-653.

Boysson-Bardies, Benedicte, y M. M. Vichman: «Adaptaqtion to Language: Evidence from Babbling and First Words in Four Languages,» *Language* 67 (1991), páginas 297-319.

Berman, Ruth, y D. Slobin: *Relating Events in Narrative,* Erlbaum, Mahwah, NJ, 1994.

Verhoeven, Ludo, y S. Stromqvist (eds.): *Narrative Development in a Multilingual Context,* John Benjamins, Ámsterdam, 2001.

Pearson, Barbara Z.: «Narrative Competence in Bilingual School Children in Miami», *Language and Literacy in Bilingual Children,* páginas 135-174 (véase referencia en el capítulo 1).

—, 2007 (véase referencia en el capítulo 4).

Wong-Fillmore, Lily: «When Learning a Second Language Means Losing a First», *Early Childhood Research Quarterly* 6 (1991), páginas 323-346.

Lambert, Wallace, 1977 (véase referencia en el capítulo 1).

Hakuta, Kenji, y D. D'Andrea, 1992 (véase referencia en el capítulo 4).

Peal, Elizabeth, y W. Lambert: «The Relation of Bilingualism to Inteligence», *Pyschological Monographs* 76, 1962.

Pearson, Barbara Z., 1998 (véase referencia en el capítulo 6).

Umbel, Vivian, B. Z. Pearson, M. Fernández, y D. K. Oller: «Measuring Bilingual Children's Receptive Vocabularies», *Child Development* 63 (1992), páginas 1012-1020.

Oller, D. Kimbrough, B. Z. Pearson, y A. B. Cobo-Lewis: «Profile Effects in Early Bilingual Languae and Literacy», *Applied Psycholinguistics* 28/2 (2007), páginas 191-230.

Gathercole, Virginia C. M.: «Monolingual and Bilingual Acquisition: Learning Different Treatments of That-Trace Phenomena in English and Spanish», *Language and Literacy in Bilingual Children,* páginas 220-254 (véase referencia en el capítulo 1).

Gathercole, Virginia C. M., y E. M. Thomas, «Input Factors Influencing the Acquisition of Welsh», *Proceedings of the ISB4,* editado por J. Cohen, y otros, páginas 852-874, Cascadilla Press, Somerville, MA, 2005.

MacArthur Bates Inventarios del Desarrollo de Habilidades Comunicativas (Inventarios), traducido y adaptado por Donna Jackson-Maldonad, Elizabeth Bates, y Donna J. Thal, Paul H. Brooks, Baltimore, 2003.

Steiner, Rudolf, *The Genius of Language,* Anthroposophic Press, Herndon, VA, páginas 1919-1920.

Pavlenko, Aneta: *Emotions and Multilingualism,* Cambridge University Press, Cambridge, RU, 2005.

Haugen, Einar, «The Stigmata of Bilingualism», *The Ecology of Language, Essays by Einar Haugen,* editado por A. Dil, páginas 308-324, Stanford University Press, Stanford, CA, 1972.

Stiener, George, 1997 (véase referencia en el capítulo 1).

Ramírez-Esparza, Nairán, S. D. Gosling, V. Benet-Martínez, J. P. Potter, y J. W. Pennebaker: «Do Bilinguals Have Two Personalities? A Special Case of Cultural Frame Switching», *Journal of Research in Personality* 40 (2006), páginas 99-120.

Sommer, Doris (ed.), 2003 (véase referencia en el capítulo 1).

Stavans, Ilan: «Love Affair with Spanglish», en De Courtivron, páginas 129-146 (véase referencia en el capítulo 1).

Hoffman, Eva. «P. S.», en De Courtivron, páginas 49-54 (Véase referencia en el capítulo 1).

Tawada, Yoko: «Writing in the Web of Words», De Courtivron, páginas 147-15 (véase referencia en el capítulo 1).

Wierzbicka, Anna, 2005 (véase referencia en el capítulo 1).

Sobre la autora

L A doctora Barbara Zurer Pearson obtuvo su doctorado en Lingüística Aplicada en la Universidad de Miami. Es especialista en bilingüismo con una experiencia de más de veinte años en la investigación del bilingüismo y la lingüística, es investigadora asociada en la Universidad de Massachusetts. Su trabajo, pionero en el área del aprendizaje bilingüe y de la evaluación del lenguaje, ha sido publicado en revistas científicas y libros.

Para más información sobre su labor investigadora y sus publicaciones, consulta la web de la autora: www.zurer.com/pearson

Libros infantiles bilingües de Bilingual Readers

Easy Alphabet!
¡Abecedario fácil!

Sea Animals and Jungle Animals
Animales del mar y Animales de la selva

Marina and the Little Green Boy
Marina y el niño verde

Marina In the City
Marina en la ciudad

Let's Eat!
¡A comer!

Body Parts and Move Your Body
Las partes del cuerpo y Mueve tu cuerpo

Cuentos del mundo 1

Cuentos del mundo 2

Para más información, consulta www.bilingualreaders.es.